Mama im UNRuhestand

W0044850

LUCINDE HUTZENLAUB

Mama im UNRuhestand

Das verrückte Seniorenleben
meiner Mutter und wie ich versuche,
mit ihr Schritt zu halten

Eden
BOOKS

»Ich fürchte, Anpassung ist nicht meine Stärke.«
Diane Keaton, US-amerikanische Schauspielerin, *1946

Inhalt

Vorwort und Dank 9

Was sein muss, muss sein: Um wen oder
was geht's hier eigentlich? 13

Man muss die Feste feiern, wie sie fallen:
Gute Gründe dafür und dagegen 61

Sei doch nicht so streng mit mir:
Meine Mutter entdeckt Neues. Und Altes 89

Notwendig ist nur das Überflüssige:
Was man so braucht, Teil 1 113

Das letzte Hemd hat keine Taschen:
Was man so braucht, Teil 2 145

Humor ist, wenn man trotzdem lacht:
Schönes und Trauriges 191

Gelernt ist halt gelernt:
Erziehung. In beide Richtungen 231

Dank 268

Vorwort und Dank

Normalerweise bedankt man sich ja ganz am Schluss bei all den Menschen, die zur Entstehung eines Buches beigetragen haben. Das ist durchaus auch sinnvoll. Bei diesem Buch hier ist es ein bisschen anders, denn schließlich schreibe ich über meine Mutter. Ohne ihre Einwilligung wäre das nicht möglich. Und wenn sie nicht diese großartige, lustige und ganz besondere Frau wäre (die mich manchmal auf die Palme treibt, aber dazu später mehr, denn dies ist schließlich eine DANKsagung), hätte ich überhaupt nichts zu erzählen.

Dabei findet sie selbst, ich hätte doch besser über meinen Vater schreiben sollen. Sie sei doch gar nicht so spannend. Das habe ich übrigens auch schon einmal von meiner Großmutter, also ihrer Mutter, gehört, als ich während meines Abiturs eine Seminararbeit über beeindruckende Frauen schreiben sollte und und mir meine Großmutter als Vorbild ausgesucht hatte. Leider hat sie sich damals durchgesetzt und ich schrieb ein Essay über Maya Angelou, eine US-amerikanische Schriftstellerin und Bürgerrechtlerin. Ich bekam eine Zwei von meiner Deutschlehrerin und zehn Mark von meiner Großmutter. Ich glaube, sie war sehr erleichtert.

Aber meine Mutter ließ sich zu diesem Buch überreden – vor allem, weil ich ihr versprochen habe, dass es durchaus in der einen oder anderen Geschichte auch um meinen Vater gehen wird. Die beiden waren immerhin fünfzig Jahre verheiratet, und nachdem er letztes Jahr gestorben ist, gewöhnt sie sich nur langsam daran, ohne ihn zu sein. Manche Tage sind also nicht ganz so lustig wie andere. Manchmal wird ihr alles zu viel, und dann muss sie einfach raus. In den Schwarzwald, oder sogar richtig weit weg. Nach Sri Lanka beispielsweise. Aber immerhin gibt es dann wieder etwas zu erzählen. Und ich darf!

Großartig! Allerdings hat sie die Erlaubnis an eine Bedingung geknüpft: Ich soll gefälligst ein Buch schreiben, das Spaß macht. Mir. Ihr. Und allen Lesern.

Dabei darf ich mich auch gerne über sie lustig machen. Sagt sie. Ich möchte aber betonen, dass ich das niemals tun würde. Wenn, dann macht sie das schon selbst. Sie ist nämlich klug, souverän und gelassen genug, um auch über sich selbst lachen zu können. Nicht immer, aber dann, wenn es gut passt.

Sie probiert alles aus, was sie interessiert. Denn wenn nicht jetzt, wann dann? Auch von der Fähigkeit, im Moment zu leben, hätte ich gerne etwas ab. Aber das kriegt man nicht einfach so. Das muss man sich »erleben«, sagt sie. Und ich glaube es sofort. Ja, ich habe den allergrößten Respekt vor meiner Mutter.

»Schreib das mit dem Tattoo«, sagen meine Kinder. »Nein, die Geschichte, wie ihr das Auto gekauft habt!« Mein Mann. Mein Sohn wünscht sich die peinliche Story mit dem Akkordeonspieler oder die von ihrem eigenen Stern in Baden-Baden. Und ich?

Mir fallen auch einige Geschichten ein. Und ja, ich erzähle sie fast alle. Schließlich ist sie meine Mutter. Großartig, lustig, manchmal störrisch, immer einzigartig.

Sie ist so viel unterwegs, dass ich oft schon erschöpft bin vom bloßen Zuhören. Rad- und Wandertouren, Fernreisen, Singen, Tanzen, Wandern, Freunde treffen und umsorgen – sie ist immer auf Achse.

Dabei könnte sie sich doch jetzt wirklich zurücklehnen und ihr Leben genießen. Ganz in Ruhe Yoga machen, Frühstücken gehen und Bücher lesen. Entspannung, Gelassenheit und Ruhe.

»Bücher lesen? Auf der Couch liegen? Entspannen? Spinnst du? Niemals, Lucinde. Für so was hab ich doch überhaupt keine Zeit.«

Tja. Sehen Sie? Es gibt genug zu erzählen.

Am besten, ich fange gleich an. Was meinst du, Mama?

Mama?

Mama?

MAMA?

Oh. Schon weg.

Ach ja, beinahe vergessen: Danke, Mama. Für alles. Ich hab dich lieb,

deine Lucinde

Was sein muss,
muss sein: Um
wen oder was
geht's hier
eigentlich?

Ein Stern, der ihren Namen trägt

Als ich auf die Welt kam, war meine Mutter knapp dreißig. Und selbst wenn es für mich nach wie vor kaum vorstellbar ist, hatte sie auch vor mir schon ein Leben. Und zwar eines, das nicht minder aufregend war.

Meine Mutter war zweimalige Olympiateilnehmerin und zwar sowohl 1964 in Tokio als auch 1968 in Mexiko. Sie nahm an den Europameisterschaften 1966 in Budapest teil und gewann Bronze über 100 Meter und Silber sowohl im 80-Meter-Hürden- als auch im 4-x-100-Meter-Lauf.

In diesem Jahr wurde sie außerdem zur »Sportlerin des Jahres« gewählt (zusammen mit Helga Hoffmann) und erhielt 1967 das Silberne Lorbeerblatt.

Als ich geboren wurde, hatte sie ihre sportliche Karriere allerdings schon eine Weile beendet. Nicht meinetwegen, sondern wegen eines Achillessehnenrisses, den sie sich bei den Olympischen Spielen in Mexiko 1968 zugezogen hatte. Aber auch wenn ich vermutlich damals noch keinen Einfluss auf ihre Entscheidung gehabt hätte, bin ich doch sehr froh, dass ich nicht der Grund dafür war. Trotzdem bekam sie nach wie vor viele Briefe mit Autogrammwünschen, Reporter besuchten uns, oder ich entdeckte ein Foto von ihr in irgendeinem Magazin.

Aber am meisten beeindruckt hat mich trotzdem, dass sie ein eigenes Sammelbildchen zum Einkleben hatte. Wahnsinn, oder?

Mein Vater hatte extra für ihre Medaillen einen ziemlich langen Couchtisch anfertigen lassen. Dort konnte man sie alle unter Glas bewundern. Ich verbrachte viel Zeit damit, die Inschriften auf den glänzenden Plaketten, den Anstecknadeln und Broschen zu entziffern. Ganz besonders gefiel mir ein silbernes Lorbeerblatt. Dass es sich dabei um die höchste verliehene sportliche Auszeichnung handelte, die man in der Bundesrepublik Deutschland erhalten kann und die meine Mutter 1967 erhielt, war mir nicht bewusst. Ich fand es einfach schön.

Für mich fühlte sich die Vorstellung von meiner Mutter auf einem Siegertreppchen vor großem Publikum eher merkwürdig an und so, als hätte sie jemand verwechselt. Ein bisschen hatte ich das Gefühl, ich müsste der Welt sagen, dass da ein Irrtum vorlag. Meine Mutter war (und ist) eben meine Mutter. Basta. Nun, daran haben die Autogrammwünsche natürlich auch nichts geändert.

Dass sie so ausgesprochen sportlich ist, hat mir in meiner eigenen Jugend aber leider nichts gebracht. Die, die ich gerne beeindruckt hätte, waren Jungs und Mädchen in meinem Alter, und die hatten mit einer ehemals erfolgreichen Sportlerin wenig am Hut. Die Olympischen Spiele von 1968 waren 1982, als ich zwölf Jahre alt war, beinahe ein gefühltes Jahrhundert her.

Ein paar Mal habe ich während meiner Schulzeit aber trotzdem versucht, meine Sportlehrer mit den Erfolgen meiner Mutter zu beeindrucken. Denn sie waren die Einzigen, die wussten, wer meine Mutter war. Das wäre auch äußerst hilfreich gewesen, denn leider hat sie mir weder ihre Sportlichkeit noch sportlichen Ehrgeiz vererbt. Seit Jahren gehe ich zwar joggen, da kann man auch nicht viel falsch machen, aber würde man sich vom Auf-der-Couch-Liegen und Bücher-Lesen eine Top-Figur verdienen, wäre dies definitiv meine erste Wahl. Ich bin riesig und sehe sportlich aus, aber das ist eine optische Täuschung.

Nein, noch nicht einmal Basketball ist je eine Option gewesen, weil ich auf gar keinen Fall rennen, einen Ball dribbeln und andere Menschen, meine Füße, eventuelle Hindernisse oder gar einen Korb im Auge behalten kann. Gleichzeitig. Bälle und ich? Niemals. Dennoch habe ich diese Frage vermutlich tausendmal gehört. Die Sportlehrer waren zwar begeistert, allerdings nicht von mir, und das Einzige, was ich je in ihren Augen sah, war Mitleid.

Meine Mutter hat allerdings auch ihre Jugend und jungen erwachsenen Jahre komplett durchtrainiert oder auf Wettkämpfen rund um den Globus verbracht, getreu ihrem Motto, dass Athleten die Welt sehen müssen.

Einerseits hat ihr das alles natürlich tatsächlich sehr gefallen, andererseits hat sie dadurch aber auch das eine oder andere verpasst. Um diesen Mangel irgendwie zu kompensieren, habe ich meine Jugend nicht in Sportvereinen verbracht, sondern in der Kunstschule, beim Querflöten und bei den Pfadfindern. Wie sollte da aus mir auch eine Basketballerin werden?

Obwohl ich in sportlicher Hinsicht also eine Enttäuschung bin, darf ich sie jedes Jahr auf den Sportlerball begleiten, mit all den ehemaligen Olympioniken und beeindruckenden Athleten vergangener Zeiten an einem Tisch sitzen und eine klitzekleine Ahnung davon spüren, wie sie früher war. Es ist, als wäre ich Teil eines sehr aktiven Klassentreffens.

Die Tatsache, dass meine Mutter schon so viele Jahre zu diesem Ball eingeladen wird, beweist jedenfalls, dass ihre sportliche

Vergangenheit wohl doch kein Irrtum ist. Schön und spannend ist es jedenfalls immer.

Nachtrag:

Letztes Jahr wurden die Sportler des Jahres übrigens zum fünfzigsten Mal gekürt, und deshalb hatten sich die Veranstalter etwas ganz Besonderes ausgedacht: Den Weg zum Kurhaus in Baden-Baden zieren nun große goldene Sterne, jeweils mit dem Namen des Sportlers oder der Sportlerin und dem Jahr, in dem sie gewonnen haben. Sehr nach Hollywood sieht das aus und es gefällt mir sehr.

Der Stern meiner Mutter liegt irgendwo hinter Boris Becker und vor Rudi Altig, nach Heike Henkel und vor Schumi. Ein großer Stern, der ihren Namen trägt. So stolz ich deshalb auf sie bin: Sie ist für mich trotzdem in erster Linie meine Mutter. Und schon allein dafür hat sie mindestens noch einen viel größeren Stern verdient.

Steckbriefe

Die Mutter:

Karin Reichert-Frisch, geboren 1941 in Stuttgart

Startete für die Stuttgarter Kickers und ab 1966 für den 1. FC Salamander Kornwestheim in den Disziplinen Hürden, Staffel und 100 Meter

Ihre größten sportlichen Erfolge:

Europameisterschaften 1966 in Budapest
Silber 100 Meter Lauf
Silber 80 Meter Hürdenlauf
Bronze 4-mal-100-Meter-Staffel (mit Renate Meyer, Hannelore Trabert und Jutta Stöck)

Außerdem startete sie bei den Olympischen Spielen
1964 in Tokio
1968 in Mexiko

1966 wurde sie zur Sportlerin des Jahres gewählt.
1967 bekam sie das Silberne Lorbeerblatt, die höchste sportliche Auszeichnung der Bundesrepublik Deutschland.

Karin Reichert-Frisch ist verwitwet, hat eine Tochter, nämlich mich, und vier Enkel. In der Disziplin Kindererziehung war sie übrigens auch sehr erfolgreich. Und zwar sowohl bei den Hürden als auch den Endspurts, den Kurzsprints und auf der Langstrecke.

Die Tochter:
Lucinde Hutzenlaub, geboren 1970 in Stuttgart

Ihre größten sportlichen Erfolge:
Lernte laufen. Lief. Läuft immer noch.

Lucinde ist verheiratet, hat drei Töchter und einen Sohn.

Fragen über Fragen: Ein Interview mit meiner Mutter

Ihre sportlichen Erfolge kann man bei Wikipedia und in allerlei sportlichen Chroniken nachlesen, und auch sonst weiß ich natürlich einiges über meine Mutter. Immerhin haben wir nun auch schon beinahe fünf Jahrzehnte miteinander verbracht, da bleibt es nicht aus, dass man Dinge erfährt, typische Eigenschaften und interessante Verhaltensmuster immer wieder erkennt. Aber trotzdem gibt es bestimmt vieles, was ich noch nicht über sie weiß. Dass sie nicht gern Fragen über sich beantwortet und sehr genau darauf achtet, dass Gespräche über sie nicht etwa unkompliziert ablaufen, ist mir allerdings genauso bewusst, wie dass sie gern in die Sauna geht, weil sie da so angenehm entspannen kann. Außerdem gilt in unserer Sauna Redeverbot, was sie wiederum beinahe dazu zwingt, mit mir zu sprechen. Verbote reizen meine Mutter schon seit jeher sehr. Wenn ich also Glück habe und es ein wenig geschickt anstelle, passt sie vielleicht dort nicht ganz so gut auf, und ich erfahre doch noch das eine oder andere, was ich noch nicht wusste und was sie mir womöglich unter normalen Bedingungen nicht erzählen würde. So oder so: Einen Versuch ist es wert.

»Sag mal, Mama, würdest du mir ein paar Fragen über dich beantworten?«

»Über mich?«

»Ja, über dich. Um dich geht es ja auch in diesem Buch. Ich kann mir ja nicht alles ausdenken, oder?«

»Warum eigentlich nicht? Das wäre doch sicher viel interessanter! Und lustiger wäre es auch.« Sie lacht.

»Das bezweifle ich.«

»Ach Lucinde, ich weiß nicht … Fragen über mich? Wen interessiert das alles überhaupt? Kannst du nicht einfach über jemand anderen ein Buch schreiben?«

»Ich kenne niemanden, der so ist wie du.«

»Schon klar. Aber sicher fallen mir die guten Sachen erst wieder heute Nacht ein, und ich ärgere mich, dass ich dir genau das Falsche erzählt habe. Und dann ist es zu spät.«

»Ach Quatsch! Es ist nicht zu spät. Ich schreibe immerhin ein Buch und kein Gedicht. Das braucht bestimmt noch eine ganze Weile. Du kannst mir also auch morgen früh noch erzählen, was dir wichtig ist. Sogar noch übermorgen und überübermorgen.«

»Und überüberüber …? Ich will einfach das Richtige sagen, damit nicht irgendjemand da draußen später denkt, ich sei eine verrückte Alte.«

»Warum sollten das jemand denken? Erstens haben die meisten selbst eine Mutter, und zweitens: Seit wann interessiert es dich, was die Leute denken? Das ist ja eben das Großartige an dir. Du machst das, was du für richtig hältst und was dir Spaß macht. Wenn das bedeutet, dass du eine verrückte Alte bist, kannst du stolz auf dich sein. Ich bin es jedenfalls. Und außerdem kannst du gerne lesen, was ich geschrieben habe. Das wäre sogar gut, dann kann ich sicher sein, dass du mit den Geschichten einverstanden bist.«

»Ich soll … Das ganze Buch?«

»Das ganze Buch.«

»Ich weiß gar nicht, wann ich das machen soll! Nee, Lucinde, weißt du was? Ich bin mit allem einverstanden, was du schreibst – hoffe ich zumindest. Und weißt du was? Man sollte sich nicht immer so viele Gedanken machen. Das verursacht doch nur Bauchschmerzen. Und Bauchschmerzen braucht kein Mensch, oder? Und überhaupt: Was willst du eigentlich wissen?«

Was ich wissen will ist eigentlich, ob das Bild, das ich von meiner Mutter habe, mit dem übereinstimmt, das sie von sich hat. Aber weil ich genau weiß, dass meine überaus großzügige Mutter mit Insiderinformationen über sich selbst eher geizig ist, muss ich anders vorgehen. Ich brauche eine richtige Strategie. Denn wenn ich ihr sage, was ich erfahren will, würde sie von mir verlangen, ihr erst einmal zu erzählen, warum ich ausgerechnet das wissen möchte. Ich weiß also, dass ich anders anfangen muss. So gut kenne ich sie immerhin also schon einmal. Was bin ich nur für ein Fuchs! Also:

»Wie würdest du dich denn selbst beschreiben?«
»Ja, also, ich würde sagen, dass ich loyal bin. Zuverlässig. Neugierig. Engagiert. Vertrauensvoll, das sieht man ja schon daran, dass ich dein Buch nicht lesen will, stimmt's?«
  »Vertrauensvoll oder eher lesefaul?«
  »Na hör mal!«
  Pause.
  »Okay, beides. Auf jeden Fall bin ich auch noch spontan. Oder nein, schreib das nicht. Ich bin nicht spontan. Ich wäre es nur gern. Dafür … vielleicht … nicht ganz so diplomatisch?«
  »Ja, das kann man wohl sagen.«

»Na und? Ich bin auch versöhnlich. Sehr sogar. Eigentlich bin ich einfach unbeschreiblich.«

»Wo du recht hast ...«

»Und wer ich bin ... Ja, wer bin ich eigentlich? Das frage ich mich wirklich auch immer wieder. Und weißt du, was das Interessanteste daran ist? Wer ich bin, kann sich täglich ändern!«

»Gibt es irgendetwas, worauf du besonders stolz bist?«

»Also Lucinde, du kannst Fragen stellen! Das ist ja wohl echt schwierig. Worauf ich stolz bin ... Da muss man sich ja selbst loben! Nein, darin bin ich echt schlecht.«

»Du sollst mir doch nicht sagen, worin du schlecht bist, Mama. Wenn du mich beschreiben müsstest, würden dir doch tausend gute Sachen einfallen.«

»Na ja, tausend vielleicht nicht gerade. Aber vielleicht zehn?«

Lacht.

»Herzlichen Dank auch. Du bist ehrlich, auch wenn es wehtut, das hast du bei deinen Eigenschaften vergessen. Aber du hast verstanden, worauf ich hinauswill, stimmt's? Was würde deine Mutter antworten, wenn ich ihr diese Frage stellen würde?«

»Sag das doch gleich. Also: Ich glaube, ich habe meiner Mutter im Krieg und in der Nachkriegszeit schon sehr geholfen. Ich sah ja niedlich aus, mit meinen blitzenden Augen und den langen Zöpfen, und ich konnte schon immer gut mit Leuten umgehen. Jedenfalls bin ich für meine Mutter immer einkaufen gegangen, denn ich habe es jedes Mal geschafft, noch irgendein kleines Extra zu bekommen. Da musste ich ganz schön viel laufen und manchmal auch kreativ sein. Aber das hat mir nicht geschadet.«

»Was hast du sonst noch für Erinnerungen an den Krieg?«

»Was ich nie vergessen werde, sind die Sirenen. Dieses Geräusch ... es war furchtbar. Wenn ich so etwas heute höre, fühle ich immer die gleiche Angst wie damals. Wie wir in den Luftschutzbunker gerannt sind ... manche Erinnerungen kann man mit einem einzigen Geräusch sofort wieder hervorholen. Und Silvesterknaller mag ich aus diesem Grund auch immer noch nicht. Aber ich habe auch schöne Erinnerungen. Der Park am Bopser, das war mein persönlicher Abenteuerspielplatz. Dort war ich immer und habe die tollsten Sachen gespielt. Natürlich hatte ich auch Freunde. Vor allem Jungs. Wir haben dort großartige Stunden gehabt. Und später wurden wir nach Waldenbuch evakuiert. Das war was ganz anderes so auf dem Land. Ich habe Stuttgart zwar vermisst, aber die Natur dort, die Felder und Wiesen, das war schon auch sehr schön.«

»Würdest du sagen, dass dich der Krieg geprägt hat?«

»Natürlich. Ich kann mir nicht vorstellen, dass es einen Menschen gibt, den Krieg nicht prägen würde. Manche Dinge sind kostbarer als andere – das habe ich schon als Kind begriffen. Leben. Schöne Erlebnisse. Zeit mit Menschen zu verbringen. Man weiß nie, wie oft man noch die Gelegenheit dazu hat. Und ich habe gelernt, auch in kritischen Situationen immer pragmatisch und einigermaßen gelassen zu bleiben.«

»Das hat dir sicher auch in deiner Ehe geholfen, oder? Mit einem Mann wie meinem Vater verheiratet gewesen zu sein, konnte ja manchmal ganz schon abenteuerlich werden, nicht wahr? Zum Beispiel damals in Südamerika, als ihr beide mit dem alten Jeep mitten in diesem ziemlich reißenden Fluss steckengeblieben seid, ohne eine Menschenseele weit und breit, und du dann losgezogen bist und Hilfe geholt hast?«

»Ganz genau. Mir wird immer noch ganz flau, wenn ich nur daran denke, was alles hätte passieren können. Da, in diesem Moment habe ich allerdings nicht wirklich viel darüber nachgedacht, was zu tun ist. Ich bin einfach los. Na ja. Hätte auch anders ausgehen können. Und es ist mir immer noch schleierhaft, wie wir da rausgekommen sind. Und dann hat dein Vater auch noch kurz darauf die Höhenkrankheit bekommen. Ich habe wirklich gedacht, er stirbt. Das war schlimm. Manchmal hatten wir wirklich mehr Glück als Verstand. Aber darum geht es doch auch manchmal im Leben, oder? Glück.«

»Hauptsache, es ging gut aus, oder?«

»Da hast du recht. Aber vielleicht haben der Krieg und überhaupt mein ganzes Leben auch dazu geführt, dass ich großes Vertrauen habe.«

»Vertrauen? Darauf, dass alles gut wird?«

»Na ja, ganz so einfach ist das Leben ja auch nicht. Nein, es wird nicht immer alles gut. Wie soll das auch gehen? Aber ein Spruch hat mich immer begleitet und auch bestärkt, wenn etwas eben nicht gut war. Er hat mich schon oft getröstet. ›Man kann nie tiefer fallen als in Gottes Hand.‹ Daran glaube ich, und diese Geborgenheit fühle ich auch, wenn ich mir das so vorstelle. Schön, nicht?«

»Das ist wirklich ein sehr schöner Gedanke.«

»Darum geht es doch: Die Verantwortung für sein eigenes Tun übernehmen und darauf vertrauen, dass alles einen Sinn hat. Das ist vielleicht sogar wichtiger, als dass alles gut ausgeht. Dieses Vertrauen macht mutig. Und reiselustig. Ach ja, weil du gefragt hast, worauf ich stolz bin: Ich bin sehr stolz darauf, dass ich mit 18 mit dem Schiff in die USA gefahren bin, ohne zu wissen, was mich dort erwartet. Ich wollte einfach weg und die Welt erkunden. Ohne Telefon und Fax. Ohne Mails oder Whatsapp. Das kann man sich heute ja gar nicht mehr vorstellen. Aber ich habe es ganz allein geschafft. Klar hat mich mein Onkel erst einmal aufgenommen, aber ich habe mir dort sofort einen Job im Krankenhaus besorgt. Das hat wirklich riesig Spaß gemacht. Und obwohl mich das schon ein bisschen Überwindung gekostet hat, habe ich einen Verein gesucht und auch gefunden, in dem ich trainieren konnte.«

»Das wusste ich gar nicht.« HA! Genau solche Dinge wollte ich herausfinden.

»Ich hab es dir ja auch noch nie erzählt. Aber das macht mir jetzt doch auch ein bisschen Spaß, muss ich sagen. Und noch etwas weißt du nicht: Ich habe in diesem Verein mit Wyoma Tyus trainiert. Die hat später drei Medaillen bei Olympia gewonnen, und wir sind uns in Tokio wiederbegegnet und haben dort Trikots getauscht. Aber als wir gerade angefangen hatten, gab es auch in den USA Wettkämpfe und ich durfte auch mitmachen, weil ich ja für meinen Verein gestartet bin. Und stell dir vor: Ich war sogar mal amerikanische Meisterin. Unglaublich!«

Scheint, als hätte meine Mutter doch noch Spaß an unserem Gespräch gefunden. Und das ist gut, denn ich fange ja quasi gerade erst an.

»Wie kam das eigentlich alles mit dem Sport?«
»Ich habe mich einfach immer gern bewegt. Als wir in Waldenbuch evakuiert waren, bin ich immer barfuß über die Felder

gerannt. Das ist meine erste Erinnerung an das Rennen. Ich bin immer nur gerannt. Gehen gab es für mich einfach nicht. Und ich war sehr oft im Wald und hab Eichhörnchen gejagt, oder mit meinem Vater später dann, als wir wieder in Stuttgart zurück waren, Holz gesammelt. Dann fanden in der Schule die kleinen Wettrennen und Sportwettkämpfe statt, aber ich wurde ziemlich schnell ausgeschlossen, damit auch andere einmal gewinnen können. Deshalb und wahrscheinlich auch, weil ich nicht ganz so leicht zu bändigen war, hat dann mein Vater einen Freund gefragt, der irgendwas mit den Stuttgarter Kickers zu tun hatte. Und dann hab ich dort angefangen, Leichtathletik zu trainieren. Es war toll, endlich das machen zu dürfen, was ich so richtig gut konnte und fürs Gewinnen gelobt zu werden, anstatt gar nicht erst mitmachen zu dürfen. Aber ich hätte sicher noch viel besser sein können. Für mich war der Sport eigentlich immer nur ein Spiel und vor allem Spaß. Auch wenn sich das vielleicht jetzt merkwürdig anhört, aber ich war überhaupt nicht ehrgeizig. Deshalb habe ich auch nie wirklich bis zu meiner Leistungsgrenze trainiert. Wer weiß, was ich alles hätte erreichen können? Dass ich nicht an diese Grenze gegangen bin, bereue ich wirklich.«

»Was bereust du denn sonst noch?«
»Ich habe als Jugendliche mal meinen Vater angelogen. Einmal nur, wegen irgendeiner Party. Ich hab gesagt, ich würde mit einer Freundin Mathe lernen. Kein Wunder, dass er mir das nicht geglaubt hat. Er hat mich auflaufen lassen. Als ich nach Hause kam, hat er mich gefragt, wie es bei meiner Freundin gewesen war. Und ich habe weitergelogen. Ich wusste nicht, wie ich da

wieder rauskommen soll und habe mich gleichzeitig schrecklich gefühlt. Jemanden anzulügen ist schon furchtbar genug, aber wenn derjenige jemand ist, der an dich glaubt und dem du selbst absolut vertraust, und du begreifst, dass du etwas so Kostbares vielleicht zerstört hast – wegen einer Party, an die ich mich noch nicht einmal mehr erinnern kann –, das ist einfach das Schlimmste. Immerhin ist Vertrauen eines der höchsten Güter, die man hat, finde ich. Das bereue ich wirklich und dass ich mich immer noch nach all den Jahren an diesen Moment erinnern kann, zeigt einfach auch, wie viel es mir ausgemacht hat.

Aber vielleicht habe ich dadurch etwas Wesentliches über Werte begriffen. Siehst du? Schon wieder sind wir beim Sinn.«

»Wenn man es so sieht, war es vielleicht sogar wichtig, oder?«

»Ja, das kann natürlich sein. Und wenn wir schon dabei sind: Ich wäre gern weiter in die Schule gegangen. Hätte sehr gern das Abitur gemacht. Aber wir waren zu viert, meine beiden Schwestern und mein Bruder, und Abitur war eben für uns Mädchen nicht vorgesehen. Ich habe meinen Vater ewig bearbeitet, und schließlich hat er mir erlaubt, auf ein kaufmännisches Gymnasium zu gehen. Aber diese ganzen Zahlen und Formeln waren einfach nichts für mich. Nach einem Jahr ging es einfach nicht mehr. Dabei wäre ich wirklich gern Forscherin geworden. Am liebsten Biologin. Ich hatte als Kind die tollste Gräsersammlung, die man sich nur vorstellen kann. Da habe ich jahrelang dran gearbeitet und bin viele Kilometer dafür gelaufen. Manchmal denke ich darüber nach, wie es gewesen wäre, wenn ich das wirklich durchgezogen hätte. Aber dann wären andere Dinge nicht passiert, die mich auch sehr glücklich gemacht haben. Ich hätte vielleicht deinen Vater nie kennengelernt und dich hätte ich womöglich auch nicht.«

»Das würdest du aber wirklich bereuen, oder?«

»Absolut. Aber ach, es gibt einfach immer so viele Möglichkeiten, sich zu entscheiden. Das macht mich manchmal ganz irre.«

»Entscheidungen sind nicht so wirklich deine Stärke, oder?« Meine Mutter wirft ein Handtuch nach mir.

»Was willst du damit sagen?«

»Ich? Gar nichts.« Ich probe einen unschuldigen Augenaufschlag, der mir gründlich misslingt. Meine Mutter lacht.

»Und vielleicht hätte ich auch im Ausland bleiben sollen. Neuseeland hat mir echt gut gefallen.«

»Aber als du dort warst, warst du ja schon siebzig?«

»Na und? Es ist doch nie zu spät für ein Abenteuer, wenn es ein gutes ist, oder?«

»Zurück zu deinen Berufswünschen. Du wolltest also Biologin werden?«

»Ja, aber dafür hätte ich mich, wie gesagt, in der Schule mehr anstrengen müssen. Aber das ging einfach nicht. Ich konnte nicht so lange still sitzen. Tänzerin wäre ich auch gern geworden. Aber das hätte mein Vater mir niemals erlaubt.«

»Und warum nicht?«

»Ehrlich gesagt weiß ich das gar nicht so genau. Vielleicht, weil es für ihn kein richtiger Beruf war? Oder jedenfalls nichts, womit sich eine junge Frau ihr Geld verdienen sollte? Früher war das einfach anders, Lucinde: Wenn mein Vater Nein gesagt hat, hieß das nein und wurde auch nicht diskutiert. Ein bisschen konnte ich immer versuchen, ihn umzustimmen, aber ich wusste, wann Schluss war. Und das war bald. Vielleicht hätte ich einfach hartnäckiger sein müssen. Aber das bin ich eben einfach nicht. Das gehört vermutlich auch auf die Liste mit den Dingen, die ich bereue: Ich war immer zu harmoniebedürftig und habe meine Wünsche und Träume hinter die von anderen angestellt. Zuerst hinter meine Geschwister und Eltern, dann in der Ehe hinter deinen Vater. Das bereue ich.«

»Würdest du meinen Kindern raten, das anders zu machen?«
»Ich wünsche mir, dass alle deine großartigen, unterschiedlichen und besonderen Kinder ihren eigenen Weg gehen, auch wenn er für sie und andere vielleicht nicht immer bequem ist. Ich wünsche mir für Lilli, Maria, Paulina und William, dass sie nicht so kritisch mit sich sind. Ich habe immer gedacht, Selbstkritik wäre vor allem ein Mädchenthema, aber wenn ich mir deinen Sohn so anschaue ... Jungs können das offensichtlich genauso. Vielleicht habe ich da auch in der Erziehung was falsch gemacht. Immerhin habe ich dich zu so einem selbstkritischen Wesen erzogen. Und du hast es weitergegeben.«

»Merkst du was?«

»Merke ich ...? Oh, dass du meine Tochter bist?«

»Na ja, und dass du das mit der Selbstkritik immer noch ganz gut drauf hast.«

»Stimmt. Ganz schön überflüssig. Weil im Grunde sind wir alle genau richtig geworden.«

»Im Grunde?«

»Lucinde, du nimmst es aber auch wieder genau! Also, was rate ich den Vieren noch?«

»Uh, meine Mutter, der Interviewprofi! Finde ich gut, dass du wieder zur eigentlichen Frage zurückkehrst.«

»Tja. Gelernt ist halt gelernt.« Einer der Lieblingssprüche meines Vaters, den meine Mutter irgendwann übernommen hat. Den habe ich wirklich lange nicht gehört.

»Also, ich rate ihnen, dass sie ihre Träume nie aufgeben und an ihre Ziele glauben. Manchmal könnten sie ruhig auch ein bisschen egoistischer sein und sich selbst mehr achten. Ich weiß ja, dass das gar nicht so leicht ist.

Ich wünsche mir, dass William respektvoll mit Frauen umgeht. Dass auch er sich selbst die Freiheit erlaubt, seinen eigenen Weg zu gehen und nicht aus Vernunftgründen irgendeinen Beruf ergreift, der ihm nicht gefällt.

Ich wünsche mir, dass ihr alle jeden Abend mit Frieden im Herzen und guten Gedanken einschlafen könnt. Das finde ich wirklich wichtig. Man schläft viel ruhiger, und es bedeutet ja schließlich auch, dass man sein Bestes gibt. Dafür ist es wichtig, dass sie ihre Intuition pflegen. Und natürlich wünsche ich mir für sie, dass sie glücklich sind. Sie sollten auf gar keinen Fall mit einem Partner zusammenbleiben, den sie nicht lieben.

Offen und tolerant sollen sie sein und die Welt entdecken. Für ihre Werte einstehen und sich nichts und niemandem unterwerfen, ohne dabei den Respekt vor anderen zu verlieren. Ich wünsche ihnen ein klares Nein und ein starkes Ja. Und ich wünsche ihnen von Herzen, dass sie die Schönheit der Natur wahrnehmen und mit allen Lebewesen achtsam umgehen.«

»Wow. Das war ja beinahe eine Predigt!«

»Siehst du. Und dir rate ich auch etwas.«

»Okay?«

»Du bist immer beschäftigt und in Eile. Ich freue mich zwar, wenn du Spaß an deinem Beruf hast und erfolgreich bist, aber trotzdem: Mach ein bisschen weniger und genieße mehr den Moment. Das hört sich zwar vielleicht wie ein Kalenderspruch an, aber ich weiß einfach, dass wir uns später an die besonderen und einzelnen Momente erinnern. Aber man muss sich auch die Zeit dafür nehmen und sie erleben. Ach ja, und wenn ich schon die Chance dazu habe, so was zu sagen: Hör auf deine alte Mutter.«

»*Ja*, Mama. So alt bist du ja jetzt auch noch nicht. Und überhaupt: Weniger machen und mehr genießen? Wo war da mein Vorbild in den letzten vierzig Jahren?«

»Och ...«

»Apropos: Was hast du denn sonst noch so vor?«

»Oh, ich würde gerne noch mal den Jakobsweg gehen. Das fände ich schön. Und ich habe gehört, es gibt so was Ähnliches auch in Japan. Hm. Oder beides? Ich würde gerne noch mal eine Sprache lernen oder vertiefen. Da würde sich wahrscheinlich Spanisch anbieten. Oder vielleicht doch Japanisch? Türkisch? Singalesisch? Ich würde gerne eine Aufgabe übernehmen. Irgendwas Ehrenamtliches, wo man etwas für andere tun kann. Neulich habe ich in der Suppenküche gearbeitet. Das war ... nein, schön kann man nicht sagen. Es war sehr anstrengend, und ich war total erschöpft hinterher. Aber auch demütig und dankbar. Und stolz. Es geht uns einfach richtig gut, Lucinde.«

»Und zum Vergnügen?«

»Yoga wäre wahrscheinlich nicht schlecht. Für die Gelenke und die Beweglichkeit und so. Aber vor allem will ich tanzen.«

»Tanzen finde ich gut. Kann ich mitkommen?«

»Mal schauen. Sind wir jetzt endlich fertig?«

»Gleich.«

»Gut, dann können wir ja endlich noch einen Saunagang machen. Den brauche ich jetzt aber auch. Jetzt habe ich mich echt lange genug mit mir selbst beschäftigt. Wird Zeit, mal wieder was anderes zu sehen.«

»Und dafür willst du ausgerechnet einen Saunagang machen?«

»Na ja, das macht einen doch auch ein bisschen demütig und dankbar. Wenn du verstehst, was ich meine.«

Sie steht auf, wirft sich ihr Handtuch über die Schulter, als wäre es ein Umhang, und geht erhobenen Hauptes in Richtung Sauna. Sie wäre eine großartige Tänzerin geworden und innen drin ist sie das auch.

Nachtrag:

Einige Dinge habe ich natürlich schon gewusst. Andere waren mir völlig neu. Die Gefühle, Ratschläge, Lebensereignisse und Gedanken, die meine Mutter mit mir geteilt hat, haben mir wieder einmal vor Augen geführt, wie kostbar die Zeit ist, die wir mit unseren Müttern und Vätern verbringen können. Wie viel – und gleichzeitig wie wenig – wir über sie wissen. Und wie viele Fragen es noch gibt, die ich gerne stellen würde. Dieses Mal haben wir einen Anfang gemacht, aber während ich die Antworten aufschreibe, fallen mir noch so viele weitere Fragen ein. Was mich wirklich erstaunt hat, ist, wie gerne meine Mutter dann doch erzählt hat. Vielleicht hätte ich sie einfach mal früher fragen sollen? Vielleicht ist Ihre Mutter ja noch einfacher dazu zu bewegen, etwas über sich zu erzählen, das nicht im allgemeinen Lebenslauf zu finden ist. So oder so. Ich kann Ihnen nur empfehlen, es auch mal auszuprobieren.

Fragen für den nächsten Saunabesuch:

- Gab es Wendepunkte in deinem Leben? Wenn ja, welche?
- Wie würdest du mich, deine Tochter, beschreiben?
- Was habe ich in deinen Augen besonders gut gemacht?
- Worüber hast du dich so richtig geärgert?
- Wie fühlt es sich an, Oma zu sein?
- Kann man sich da irgendwie drauf vorbereiten?
- Wem würdest du gern mal die Meinung sagen? Und was wäre das?
- Wenn du einen Wunsch frei hättest, was würdest du dann tun?
- Was macht dich wütend?
- Wovor hast du Angst?
- Und was macht dich so richtig glücklich?
- Was war das Lustigste, das dir je passiert ist?
- Und warum noch mal musste ich ein Dirndl zu meiner Konfirmation tragen?

Fifty Shades of Guten Morgen und die Gegenteil-Dynamik

Ich telefoniere oft mit meiner Mutter. Manchmal täglich. Am liebsten kurz. Innerhalb von 24 Stunden kann noch nicht einmal meine Mutter so viel erleben, dass es für ein mehrstündiges Telefonat reichen würde, finde ich.

In einem Haushalt mit vier Kindern dagegen ist es schon mal möglich, dass überraschend der Krankenwagen vorfahren muss, erstaunliche Erfolge erzielt oder weltbewegende Entwicklungsschritte vollzogen werden, die die Welt noch nicht gesehen hat.

Eigentlich müsste sie mich auch gar nicht anrufen, denn meine Mutter hat hellseherische Kräfte.

Es ist nämlich so, dass sie schon am Klingeln des Telefons – und spätestens an meinem Guten Morgen – zu erkennen glaubt, wenn was im Busch ist.

Eines Tages, so hoffe, werde ich diese Fähigkeit auch so weit perfektioniert haben und nicht bei jedem Klingeln denken, es sei was passiert. Meine Kinder rufen mich auch nur an, wenn wirklich irgendwas los ist. Einfach nur so und zum Guten-Morgen-Sagen? Dazu wohnen sie noch nicht lange genug allein. Ihre Sehnsucht hält sich noch in Grenzen. Und man weiß auch nie, ob sich das jemals ändern wird. Bei mir hat es auch ein bisschen gedauert. Ziemlich genau, bis ich selbst Kinder hatte und auf die Expertenmeinung meiner Mutter zurückgreifen wollte.

»Guten Morgen!«, sage ich also seit 23 Jahren beinahe jeden Tag, so auch heute. Es ist ein Montag. Das Wochenende war lang genug, um Abenteuer zu erleben, die dringend besprochen werden müssen.

»Guten Morgen, Lucinde!«, sagt meine Mutter. An Tagen, an denen ihr Instinkt zuschlägt, wie heute, wird wahlweise ein »Guten Morgen, Lucinde, was ist passiert?« draus oder, wenn sie sich vielleicht doch ein bisschen unsicher ist, zumindest ein »Ist was passiert?«.

Eine der herausragendsten Eigenschaften meiner Mutter ist ihre Hilfsbereitschaft, die ziemlich oft dafür sorgt, dass sie Lösungen für Probleme sucht, die entweder keine oder zumindest nicht *ihre* sind. Dafür behauptet sie, wenn ich sie wirklich einmal um Rat frage und ernsthaft ihre Meinung hören will, dass sie dazu nichts sagen, ja mir da überhaupt nicht weiterhelfen könne. Warum sie das tut, weiß kein Mensch, und sie würde es außerdem entrüstet von sich weisen. Da ich sie nun schon eine Weile kenne, hatte ich viele Jahre Zeit, den Gegenteil-Mechanismus zu durchschauen. Er kann äußerst – nun ja – ärgerlich sein, wenn man mal wirklich was wissen will. Aber wenn man ihn berücksichtigt und dementsprechend andersherum formuliert, kann man durchaus an seine Informationen kommen.

Diesbezüglich förderlich ist es, einen klaren Kopf zu behalten.

Ich sage also am Telefon: »Guten Morgen!«, und meine Mutter, dank ihres Instinkts: »O Gott, was ist passiert?«

Ich: »Nichts!«

Das ist nicht besonders schlau. Denn selbst wenn meine Mutter mit diesem unglaublichen Dramasensor ausgestattet ist, so vertraut sie ihm nicht unbedingt. Ich sage »NICHTS«, und sofort greift der Gegenteil-Mechanismus. »NICHTS« widerspricht ihrem Gefühl und ihrer Sorge um uns und beweist nur, dass ich sie bloß nicht beunruhigen möchte.

In den Ohren meiner Mutter heißt dieses kleine Wort so viel wie DieKinderhabensichverletzteineAlkoholvergiftungundodersindschwangerholgerhatmichverlassendieweltgehtunter.

Mein »Nein-wirklich-alles-gut« macht es nur noch viel schlimmer.

»Lucinde, sag schon, was ist los?«

Sie lässt nicht locker. Und sie wird auch nicht lockerlassen. Das habe ich mir selbst eingebrockt. Aus dieser Nummer komme ich nicht mehr raus, bis wir irgendeine Schwierigkeit gefunden haben, die sie ob ihres Gefühls bestätigt und wegen der eher geringen Dramatik erleichtert aufatmen lässt.

Wenn ich hingegen anrufe und sage: »Mama, ich muss dir unbedingt was erzählen! Maria hat die Schule abgebrochen, Lilli ist beim Rauchen erwischt worden, William muss nachsitzen und darf nicht mit auf den Schulausflug, weil …«, dann winkt sie telefonisch ab.

»William darf nicht mit? Ich durfte auch nie mit. Und Strafarbeiten hatte ich mehr als ihr alle zusammen.« Sie lacht. Ich lache nicht, denn:

»Ja, schon, aber Mama: Was soll ich denn jetzt machen?«

»Was du machen sollst? Na, mach dir einfach einen schönen Tag! Ist doch prima, so unter der Woche, dann sind schon nicht so viele Leute im Zoo und im Schwimmbad.«

»Ja, aber …!«

»Lucinde, entspann dich. Da muss man durch. Das ist doch ganz normal. Du hast damals schließlich auch …« Und dann kommt eine lange Reihe von ollen Kamellen, über die ich nicht sprechen möchte. Sie aber schon.

Neulich erst, als ich ihr mein Herz ausschütten wollte, weil eines meiner Kinder mir gesagt hat, wie peinlich ich sei und sich öffentlich vor anderen Menschen von mir distanziert hat – da hat meine Mutter laut gelacht. Am Telefon. Mich. Ausgelacht. Jawohl. Ich war den Tränen nahe und hätte gut ein wenig Trost vertragen können. Es gibt Momente, da ist Mutterschaft eben einfach schwierig. Da braucht man die liebevolle Zuwendung, Aufmunterung und das Verständnis der eigenen Mutter, die irgendetwas sagt im Sinne von:

Das tut mir leid ...
Das geht vorbei ...
Und dauert nicht mehr lang ...
Du bist eine gute Mutter!
Mach dir keine Sorgen!

Bei dir war die Pubertät überhaupt nicht schlimm und an einem Wochenende abgehakt, weil du schon immer so ein großartiger Mensch warst wie jetzt, quasi fehlerfrei und ...

Natürlich hat meine Mutter das nicht getan, denn auch das widerspricht ja der Gegenteil-Dynamik. Nein. Meine Mutter sagte wortwörtlich, nachdem sie mit dem Lachen fertig war:

Ich finde das großartig.
Auf diesen Moment habe ich mich seit deiner Pubertät gefreut!
Jeder kriegt, was er verdient!
Und das ist erst der Anfang.

Daraufhin hat sie mir die Geschichte erzählt, wie wir damals anno 1984 (ich war 14) über Weihnachten in Kenia waren und ich mich UN-MÖG-LICH benommen habe. Meine Eltern haben sich die ganze Zeit für mich und mein Verhalten geschämt, und nur ihrer großzügigen und geduldigen Persönlichkeit habe ich es zu verdanken, dass sie mich damals nicht nach Hause geschickt haben. Ich erinnere mich auch an diesen Urlaub, schließlich ist er ja kaum mehr als dreißig Jahre her. Was passiert ist? Nichts Besonderes. Oder vielmehr das, was eben passiert, wenn ein Teenager mit seinen Eltern unterwegs ist. Ich habe mich geschämt und dies auch lautstark verkündet. Und zwar für:

... die Badehose meines Vaters

... seine Frisur

... die Witze, die er erzählt hat

... seine Surfversuche

... und überhaupt, dass ich mit ihm dort war

... den Badeanzug meiner Mutter

... ihre Frisur

... Was sie so gesagt hat!

... Und überhaupt, dass ich mit ihr dort war!

Noch Fragen?

»Ich möchte nicht darüber sprechen«, sage ich und fühle mich gleich wieder, als wäre ich 14. »Ich wollte wirklich nur wissen, wie es dir geht!«

»Jetzt geht es mir gut, danke der Nachfrage.« Ich höre selbst durch den Telefonhörer, dass sie immer noch grinst. »Auf diesen

Moment habe ich über dreißig Jahre gewartet. Ach, es ist so schön, wenn Gerechtigkeit geschieht.«

Und ich? Möchte auflegen und auf den Boden stampfen. Erwachsen, wie ich nun mal bin.

Erziehungsmaßnahmen und der Pulitzerpreis

Die Gegenteil-Dynamik greift übrigens auch, wenn ich keine Zeit zum Telefonieren habe. Dann nämlich möchte meine Mutter sehr ausgedehnte Telefonate führen. Sie kann es außerdem nicht leiden, wenn ich sie von unterwegs aus anrufe, und deshalb meldet sie sich gerne morgens gegen halb neun, weil sie dann ganz genau weiß, dass ich am Schreibtisch sitze.

Ich sitze also bereits seit einer halben Stunde an meinem Schreibtisch und bemühe mich, ein Projekt voranzutreiben, das ich bis morgen Mittag beenden muss. Bis gerade eben habe ich Wäsche zusammengelegt, Pausenbrote geschmiert, die Kinder verabschiedet, den Mann ebenfalls, bin beim Blick in meinen Kalender und auf das heutige zu bewältigende Mutter- und Haushaltspensum beinahe in Ohnmacht gefallen und habe mir eine Einkaufsliste geschrieben. Das Telefon klingelt exakt in der Sekunde, als ich die Espressotasse an meine Lippe hebe und mir der zündende, Pulitzerpreis-würdige Einleitungssatz einfällt. Ich weiß, wer dran ist. Und der Pulitzersatz ist weg.

»Lucinde?« Meine Mutter.

»Guten Morgen!«, sage ich und schiele auf meinen Bildschirm. Der Satz fing an mit ...

»Schreibst du etwa gerade?« Nein, ich liege in der Sonne am Pool und trinke Cocktails.

»Ja. Ich schreibe. Das heißt, ich versuche es zumindest.«

»Ach, und was hindert dich daran?

»Na ja, also, dass das Telefon klingelt?«

»Dann geh doch einfach nicht dran! Oder steck es aus!«

»Mama. Es könnte ja auch was Wichtiges sein. Irgendwas mit den Kindern. Oder mit dir!«

»Mit mir?«

»Du bist 78?«

»Na und?«

»Wie? Na und? Mit 78 kann doch immer mal was sein.« Woran liegt es nur, dass immer ich mir wie die Glucke vorkomme, wenn ich mit meiner Mutter telefoniere?

»Ach, Blödsinn. Ich kann mir schon selbst helfen. Und wenn was ist, brauche ich dich ja auch nicht anzurufen.«

»Warum nicht?«

»Na, du hast doch sowieso keine Zeit.«

»Ich hätte schon, wenn ich meinen Text fertig machen könnte.«

»Dann mach doch!« Sie kichert. Wir drehen uns im Kreis. Und aus irgendwelchen unerfindlichen Gründen habe ich das Gefühl, dass meine Mutter großen Spaß daran hat.

»Jedenfalls will ich das Telefon nicht ausstecken. Außerdem weiß ich gar nicht, wie das geht und …«

»Nicht? Du weißt doch sonst alles.« Ähem.

»Oder du mietest dir endlich ein Büro, dann bist du vormittags einfach weg!« Ich höre quasi durchs Telefon, wie sie sich selbst auf die Schulter klopft für diese grandiose Idee. Die sie mir, unter uns gesagt, schon mindestens dreitausendmal präsentiert hat.

»Ich brauche kein Büro. Ich habe hier ein Arbeitszimmer, und außerdem kann ich nebenher Wäsche machen und …«

»Ja, aber dann würden dich keine Anrufer stören.«

»Mama. Ich brauche das Telefon aber. Für Notfälle. Außerdem störst du mich ja gar nicht. Also nicht wirklich, also … du weißt schon.«

»Ich hab schon verstanden. Und für Notfälle hast du doch dein Handy! Wie man das ausschaltet, weißt du aber wenigstens, oder?«

»Das weiß ich, aber … warum hast du eigentlich angerufen?«

»Ich wollte nur wissen, wie es dir geht. Aber dann störe ich dich nicht weiter. Wir können ja einfach irgendwann mal wieder sprechen, wenn du gerade mal nicht schreibst.«

8.45 Uhr. Ich sitze am Schreibtisch und versuche mich an den Pulitzersatz zu erinnern. Erfolglos.

Nachtrag:

Es ist mittlerweile Dienstagmorgen. Ich sitze unruhig am Schreibtisch und bemühe mich erneut, meinen Text zu beenden. Das Telefon klingelt nicht. Ich schaue auf die Uhr. Beinahe neun Uhr. Nach weiteren Fehlversuchen meinerseits, mich auf meinen Text zu konzentrieren, nehme ich schließlich den Hörer selbst in die Hand und wähle die Nummer meiner Mutter. Nach zweimal Klingeln springt der Anrufbeantworter an. Nicht zu Hause. Auch auf dem Handy erreiche ich sie nicht.

Wo kann sie sein, morgens um diese Uhrzeit? Hoffentlich ist alles in Ordnung? Oder ist sie womöglich gestürzt, liegt irgendwo hilflos und kann das Telefon nicht erreichen?

Ob die Gegenteil-Dynamik genetisch ist?

Ich probiere es weiter. Stündlich. An Arbeiten ist natürlich nicht zu denken, denn ich mache mir Sorgen. Um elf Uhr überlege ich mir, zu ihr in die Wohnung zu fahren und nach dem

Rechten zu sehen. Schnell noch kochen, den Kindern Bescheid sagen und noch ein einziges Mal anrufen. Die Schlüssel habe ich schon in der Hand. Es ist kurz nach zwölf.

»Ja bitte?« Meine Mutter meldet sich, als wäre alles wie immer.

»Ich bin es.«

»Wer?« Äh?

»Lucinde, deine Tochter.«

»Ach, Lucinde, du bist es! Ich hab dich gar nicht gleich erkannt, ich war in Gedanken noch beim Singen. Warum rufst du an?«

Warum rufe ich ...?

»Ich ... ach, ich wollte nur mal hören, was du machst und wie es dir so geht? Und zwar schon heute Morgen, aber dann habe ich dich nicht erreicht und mir Sorgen gemacht ...«

»Sorgen? Um mich? Warum denn das? Hast du nichts zu tun?«

»Doch, ich, aber ...«

»Ja, also, dann musst du dich wirklich nicht bei mir beschweren. Ich hab dich nicht angerufen. Und tut mir echt leid, aber ich kann nur ganz kurz sprechen, weißt du, ich habe mich nämlich mit Heidi zum Schwimmen verabredet, und dann wollte ich mit Elisabeth in diese Ausstellung und ...«

»Ah, das hört sich doch gut an. Wollen wir dann vielleicht später ...?«

»Heute ist es ganz schlecht. Heute Nachmittag wollte ich mal endlich meine Steuererklärung machen und später mit Elsie ins Kino. Da kommt doch dieser neue Film, den wollte ich schon lange anschauen. Morgen ist auch nicht so gut, aber am Freitag hätte ich eine Lücke. Wollen wir frühstücken gehen?«

Ich schwöre, ich mache mir nie wieder Sorgen. Meiner Mutter geht es sehr gut. Und wenn nicht, wird sie sich schon melden.

Aber frühstücken?

»Ansonsten können wir auch einfach morgen oder übermorgen noch mal telefonieren«, setzt sie nach, als hätte sie meine Gedanken gelesen.

Ich muss immer noch diesen Text beenden. Die Wäsche stapelt sich, und meine Kinder wären sicher froh, wenn mal wieder eine richtige, mit Liebe gekochte Mahlzeit auf dem Tisch stünde. Frühstücken gehen ist außerdem etwas, was ich nicht besonders gerne mag. Die Fülle an Kohlehydraten und das Gläschen Sekt, das für meine Mutter obligatorisch dazugehört, lähmen mich zuverlässig für den Rest des Tages. Er wird verloren sein. Also?

»Gern. Wo sollen wir uns treffen?«

Ich bin die Tochter meiner Mutter. Gegenteildynamisch vorbelastet. Und ich habe Folgendes für mich begriffen:

Wenn das Telefon klingelt, lege ich in Zukunft meinen virtuellen Stift beiseite und frage gleich, wie es meiner Mutter geht. Sie ist sowieso viel beschäftigter als ich, hat weniger Zeit, muss gleich weg – und dann kann ich weitermachen. Und wenn sie vielleicht doch Zeit für eine Verabredung hat, dann nutze ich die Chance und schiebe vielleicht auch mal den einen oder anderen meiner Pläne beiseite. Denn jeder Moment, den wir gemeinsam verbringen können, ist so kostbar wie kaum etwas anderes. Ich möchte nie bereuen, dass ich nicht jede Sekunde davon genutzt habe. Schließlich habe ich nur eine Mutter. Ich finde, die beste, die ich erwischen konnte. Und überhaupt: Wer braucht da schon einen Pulitzerpreis?

Ich will mich ja nicht einmischen, aber ...

Am Telefon passiert es eher selten, weil außer mir keiner zuhört, aber wenn die Kinder dabei sind, untergräbt meine Mutter gern mal meine Autorität.

O nein, das tut sie nicht, um mich zu ärgern. Hoffe ich jedenfalls. Wenn es ihr Ansinnen wäre, würde es allerdings sehr gut funktionieren.

Ich bemühe mich ja seit Anbeginn meiner Mutterschaft, eine einigermaßen klare Linie in der Erziehung meiner Kinder zu fahren. Das gelingt mir – wenn man meinem Mann glauben darf – nicht wirklich gut. Ja, ich gebe zu, ich bin großzügig, inkonsequent und viel zu verständnisvoll. Zumindest für die strengen Anforderungen meines Mannes, der da gerne mehr Linie drin hätte, und das behauptet er sehr hartnäckig, obwohl die Kinder sich freuen, wenn ich mal abends weggehe und er mit der Betreuung dran ist. O-Ton William: Bei Papa dürfen wir alles! Aber sag's ihm nicht!

Sehen Sie?! Erziehung ist Ansichtssache. Und ich bemühe mich sehr, möchte aber zu meiner Verteidigung anmerken, dass ich diesbezüglich nicht wirklich die besten Vorbilder gehabt habe, denn meine Eltern haben mich mit bedingungsloser Liebe überschüttet, mir alle Optionen offen gelassen und immer alles verstanden. Zumindest die Dinge, die ich ihnen erzählt habe. Ich habe mich also bezüglich der nachhaltigen Strenge in der Erziehung um beinahe hundert Prozent gesteigert. Außerdem bin ich doch auch ohne klare Linie ganz okay geworden, oder etwa nicht?

Aber selbst ich sehe im Nachhinein, dass es vermutlich kein Fehler gewesen wäre, mir das eine oder andere Mal etwas engere Leitplanken und weniger Ausfahrtmöglichkeiten zu bieten. Sowohl schulisch, als auch ... sonst. Sagt sogar meine Mutter, und die gibt sonst nie irgendwas zu.

Wenn ich nun aber in ihrer Anwesenheit versuche, es besser zu machen, fällt sie mir in den Rücken. Jedes einzelne Mal.

Und zwar, in dem sie jede – absolut jede – meiner Entscheidungen lautstark infrage stellt und meine Position untergräbt, was meine Kinder sehr witzig finden, sofort durchschauen und für ihre Zwecke nutzen. Sobald ich etwas entscheide, kommt meine Superoptimierungsmutter und hat eine viiiiiiieeeel bessere Idee, will wissen, ob ich mir das wirklich gut überlegt habe, ob es überhaupt sein muss und ob es, genauer betrachtet, zielführend ist.

Ihren eigenen Lösungsansatz trägt sie vor, während meine Kinder feixend danebenstehen und ich meine Hände zu Fäusten balle. In den Hosentaschen, damit es keiner sieht.

Denn wer muss es später ausbaden?

Wer hat die übermüdeten Kinder?

Die Diskussionen?

Wer muss sich anhören, dass er (vielmehr sie) wohl eine viel schönere Kindheit hatte mit einer wirklich liebenden Mutter, nicht so wie meine Kinder, die immer nur im Haushalt helfen müssen und nie irgendwas dürfen?

Na?

Ich.

An all das denkt meine Mutter nicht, wenn sie ihr Plädoyer hält. Die Einleitung ist übrigens immer gleich und beginnt mit: »Also, ich will mich ja nicht einmischen, aber ...«

Zum Beispiel neulich, als meine Mutter zum Abendessen bei uns war:

»Also, Lucinde, ich will mich ja nicht einmischen, aber jetzt lass sie doch morgen einfach zu Hause, wenn sie sich nicht gut fühlt!«

»Mama, ich lass sie doch zu Hause, wenn sie sich nicht gut fühlt – und FIEBER hat, oder wenigstens SCHNUPFEN, HUSTEN, HALSSCHMERZEN oder irgendwas, das auf eine ERKRANKUNG hinweist, die weder was in der Schule zu suchen hat, noch vorbei ist, sobald das Kind morgen früh mal richtig wach ist!«

»Aber man braucht doch kein Fieber, damit es einem schlecht geht! Man kann sich auch bei erhöhter Temperatur schon elend fühlen.«

»Mama, es ist jetzt beinahe zehn Uhr abends, und dieses Gefühl kam gerade eben. Ganz plötzlich. Ich sage dir, man kann sich auch elend fühlen, weil man den ganzen Tag mit Freunden unterwegs war und danach auf dem Laptop heimlich Serien geschaut hat und einem dann plötzlich einfällt, dass morgen ein Vokabeltest ist.«

»Also, nein. Das würden die doch nie machen. Oder, Kinder? Das würdet ihr doch nie machen?«

Natürlich NICHT. Einhelliges Kopfschütteln. Gemeinschaftliches unschuldiges Kinderlächeln. Na wartet.

»Mama, ich kenne meine Kinder mittlerweile.«

»Ach komm schon, Lucinde. Schau sie dir doch an: Die Augen sind ganz glasig!«

Das kommt vom Serienschauen.

»Und fühl mal, ihre Stirn! Ganz warm!«

Ja, 37,3 Grad Celsius ist ja auch nicht gerade kurz vor dem Gefrierpunkt.

»Und außerdem: Was nützt es dir, wenn du sie in die Schule schickst und sie die Arbeit verhauen? Geht es dir dann besser?«

Nichts und nein. Oder vielleicht doch ja? Immerhin ist es ja vermutlich Teil meines Erziehungsauftrages, meinen Kindern beizubringen, ihre Aufgaben pflichtbewusst zu erledigen, und wenn sie das nicht hinkriegen, wenigstens die Konsequenzen zu tragen.

»Ach, Lucinde, deine Kinder sind so selten krank! Ein Tag zu Hause ist doch tatsächlich nicht so schlimm.«

Nicht? Aber ... und der Erziehungsauftrag?

»Wenn du mich fragst, kommt es doch nur darauf an, dass sie ihre Vokabeln gut können. Und spätestens morgen Mittag ist das sicher der Fall. Nicht wahr, Kinder?«

»Na klar, Oma Moses!«

»Siehst du?«

Was soll ich sagen? Ich sehe vor allem sehr zufriedene Oma- und Kindergesichter. Und das noch entspannte von meinem Mann, der gerade eben nach Hause gekommen ist und von seinen Kindern freudig begrüßt wird. Meine Mutter zieht sich schnell Jacke und Schuhe an und verabschiedet sich mit einem verschwörerischen Augenzwinkern. Oh oh. Es wird nicht leicht werden, meinem Mann zu erklären, dass morgen vermutlich kein Wecker klingeln wird. Wie hat sie noch mal argumentiert? Es klang selbst in meinen Ohren völlig in Ordnung. Ach, ich finde, Kindererziehung ist wirklich nicht leicht. Vor allem nicht, wenn man sich zu dritt daran versucht.

Namensschwäche

Meine Mutter hat eine gewisse Schwäche für Namen. In jeder Hinsicht. Außergewöhnliche mag sie sehr, wie beispielsweise meinen. Menschen, die ganz normal heißen, nennt sie gerne ganz anders. Weil andere Namen besser passen. Und weil ... sie sich manche einfach nicht ganz so gut merken kann. Da ist sie nicht allein, das weiß ich aus Erfahrung. Meine Mutter gibt sich aber immer allergrößte Mühe. Auch das ist mir bekannt.

Früher, als mein Vater im Laufe seiner Karriere Produktionschef beim Süddeutschen Rundfunk wurde, hat sie ihn oft zu Veranstaltungen begleitet, wo man auf Menschen traf, bei denen es so wichtig wie kompliziert war, sie mit dem richtigen Namen anzusprechen. Mein Vater übte grundsätzlich schon im Auto auf der Fahrt zu diesen Zusammenkünften mit ihr.

»Sprich mir nach: Von Sankwitz-Badstätter.«

»Von Sankwitz-Badstätter.«

»Sehr gut. Noch mal.«

»Von Sankwitz-Badstätter.«

»Vielen Dank für die Einladung, Frau von ...«

»... Sankwitz-Badstätter!«

Das ging so lange gut, bis meine Eltern den jeweiligen von Sankwitz-Badstätters, Friedwald-Großhansens oder Gerlach-Rittlingen gegenüberstanden. Blitzlichtgewitter. Presse. Aufmerksamkeit. Meine Mutter streckte die Hand aus, lächelte freundlich und begrüßte Frau von Sankwitz-Badstätter laut und vernehmlich mit: »Guten Abend, Frau von Sagnicht-Brandstifter.«

Ja, der Name ist schwierig. Und glücklicherweise hatten die von Sankwitz-Badstätters meist Humor. Aber dass ich nun ausgerechnet eine Lucinde geworden bin, damit hat wohl eher keiner gerechnet. Am wenigsten meine Mutter. Schließlich war sie davon überzeugt, dass sie einen Sohn gebären würde. Sportlich, wild und ... vermutlich mit einem schlechten Namensgedächtnis. Als ich aber das Licht der Welt erblickte, erblickte wiederum die erleichterte Mutter nicht den Sohn, den sie erwartet hatte. Sondern mich. Ob es eine Enttäuschung war, darüber haben wir nie gesprochen. Ich hoffe nicht. Aber ein bisschen schwierig wurde es dann doch, denn für ein Mädchen war damals schon Florian eindeutig der falsche Name. Ob Lucinde allerdings der richtige Name für ein Mädchen ist, und gleich zehnmal für eines, das auf dem Land aufwächst, das größer als alle anderen und dazu noch Brillen- und Zahnspangenträgerin werden würde, sei dahingestellt. Natürlich konnte man vor allem Letzteres damals auch noch nicht erahnen. Mittlerweile sind meine Augen gelasert und die Zähne dank eines hartnäckigen Kieferorthopädens gut geworden. Für meinen Namen bin ich meinen Eltern mittlerweile sogar dankbar, auch wenn er nicht so ganz einfach zu behalten ist.

Diese Gedanken scheinen sich meine Eltern bei meiner Geburt tatsächlich auch gemacht zu haben, denn vor Lucinde setzten sie in meinen Pass noch eine etwas weniger gewagte Kristina, sodass ich mich auch für diesen Namen entscheiden hätte können, wenn mir der andere zu ... außergewöhnlich gewesen wäre.

Und das war er natürlich, spätestens als ich mit all den Steffis, Petras und Susis in den Kindergarten kam. Aber da war ich gerade selbst erst in der Lage, meinen Namen einigermaßen fehlerfrei auszusprechen, und es gelang mir nicht, den anderen durchzusetzen. Ich war nie eine Kristina, dafür längst eine Lucinde. Meine Klassenkameraden in der Grundschule kürzten zu Lucie, und alles war gut. Beinahe. Lucinde nennt mich nur meine Mutter. Aber die fast immer. Denn weil ich ja ihre Tochter bin, werde ich in die Kategorie »sehr nahe Familienangehörige« einsortiert. Und genau deshalb nennt sie mich auch gerne mal Hans. Nach meinem Vater. Der eigentlich Hans Ulrich hieß. Von allen, die ihn mit dem Vornamen ansprachen, wurde er Uli genannt. Na ja. Außer von meiner Mutter eben. Dass sie ihn hingegen mitunter Lucinde genannt hätte, davon ist mir nichts bekannt.

Ihre Mutter, meine Oma, wurde von ihr liebevoll Ömmle oder wahlweise Schnitzele genannt. Warum, weiß keiner so genau. Dass sie in Wirklichkeit Pauline hieß, habe ich überhaupt erst im zarten Alter von 16 Jahren erfahren. Im Pass meiner Mutter steht Karin, mein Vater nannte sie indes Isolde.

Mein Mann Holger hört auch auf Olga, zumindest bei meiner Mutter (probieren Sie das ja nie aus, ich glaube nicht, dass ihm das besonders gut gefällt).

Ich will mich nicht beschweren. Sowohl Lucinde als auch Hans finde ich prima. Ich finde, beides passt zu mir. Und bitte: Hans und Olga? Klingt doch nach einem sehr glücklichen, wenn auch vermutlich etwas älteren Paar.

Nein, keiner wird bei uns so genannt, wie er wirklich heißt, bis auf meine Kinder, die wir nach ihren Urgroßeltern Paulina, Maria, Lilli und William benannt haben, damit nicht noch mehr Verwirrung entsteht. Die wiederum haben meine Mutter nach ihrem Kater getauft. Da er allerdings Moritz hieß, was die Sprachentwicklung von Kleinkindern nicht so ganz hergibt, heißt sie nun Oma Moses. Und wir alle nennen sie so. Das hat sie nun davon.

Ich fand meinen Namen so lange grauenvoll, bis ich begriffen habe, dass er sehr gut zu mir passt und ich in der Tat eine Lucinde bin und nie eine Kristina hätte sein können. Ich glaube, meine Eltern hatten ein sensationelles Gespür dafür, wer ich einmal werden würde. Sehr lustig finde ich allerdings, dass ich oft als Allererstes gefragt werde, ob Lucinde Hutzenlaub ein Künstlername ist. Ganz ehrlich? Wer würde sich so was schon ausdenken?

Jedenfalls scheint mein Name für viele einigermaßen schwer zu merken zu sein, weshalb sich manche Menschen Eselsbrücken bauen. Das finde ich ja schon wieder rührend, bedeutet es ja, dass sie den Namen (oder mich) gern im Gedächtnis behalten wollen.

Die einen bedienen sich dabei der Pflanzenwelt.

»Ah, Lucinde! Klingt wie Hyazinthe! DAS kann ich mir merken!«, sagen sie, und ich kann sehen, wie stolz sie dabei auf ihre Merkhilfe sind.

Sehr schön finde ich, dass sie mich beim nächsten Treffen wiedererkennen. Und meinen Namen haben sie auch noch drauf!

»Ach, ich freue mich ja so, dich wiederzusehen ... äh ... Tulpe?« Nein. Nicht. Aber fast.

Abgesehen von meinen Eltern, die hartnäckig Lucinde zu mir sagten, wurde ich sowieso meist Lucie genannt.

»Lucy? So wie in ›Lucy in the Sky with Diamonds‹ von den Beatles?«

»Ganz genau.«

Nun muss man nicht unbedingt alle Beatles-Songs drauf haben. Ja, im Hinblick auf meinen Namen ist es sogar eher von Nachteil. Vor allem, wenn man sich dann beim nächsten Treffen doch nicht mehr an den Namen erinnert. Aber macht nichts. Ich helfe gern weiter.

»Kleiner Tipp: Die Beatles?«

»Aaaah! Natürlich! Die Beatles!«

Gedankenpause. Sichtbare Erleichterung bei Gedankenblitz.

»Ach, es ist so schön, dich wiederzutreffen, MICHELLE!«

Happy Birthday to me!

Man hat ja wenig Einfluss auf den eigenen Geburtstag. Ich meine, was den Termin angeht. Gut, die Kardashians und all die anderen Celebrities da draußen, die so eine Geburt zwischen eine Beauty-OP und eine medienwirksame Spendengala legen müssen, die planen das natürlich schon. So eine Geburt steht vermutlich irgendwann morgens zwischen zehn und zwölf in ihrer Agenda, aber früher geht nicht, weil erst dann der Visagist fertig mit seiner Arbeit ist. Kaiserschnitt, Kind raus, Fitnesstrainer, High Heels und hautenges Kleid. Blitzlichtgewitter, fertig. Das ist natürlich Spaß. Niemals würden die Kardashians einen Kaiserschnitt so planen. Für Geburten haben sie nämlich Leihmütter.

Ich hab meine nicht geliehen. Sie hat mich absolut selbst geboren. O ja. Und ich kenne alle Details. Dass die Bauchmuskeln meiner Mutter so trainiert waren, dass sie mich beinahe nicht rausgekriegt haben. Dass mein Vater, damals Redakteur beim Süddeutschen Rundfunk, bei einem Fernsehdreh war und keiner mit mir gerechnet hat. Was unter uns schade ist, denn er war der erste Vater in Stuttgart, der erfolgreich darauf bestanden hat, im Kreißsaal mit dabei sein zu dürfen. Tja. Der ganze Ärger umsonst, hat mein Vater wahrscheinlich gedacht. Was der Arzt gedacht hat, ist nicht überliefert. Ich vermute mal, er war nicht unglücklich darüber.

Jedenfalls: Dass ich im Mai geboren wurde, dafür kann ich nichts. Das hindert meine Mutter allerdings in keinster Weise daran, mir jedes Mal wieder mitzuteilen, wie unpraktisch das ist.

Also, das mit dem Geburtstag. Ich bin vermutlich vor allem deshalb ein Einzelkind geblieben.

Dass mein Geburtstag ziemlich oft auf Muttertage, Konfirmationen, Pfingsten oder überhaupt Wochenenden fällt, ist eine Zumutung, finde ich ja selbst auch. Tage, an denen man durchaus Dinge unternehmen kann, die wesentlich mehr Spaß machen, als Kuchen zu essen und Sekt zu trinken. Reisen zum Beispiel.

In meiner frühen Kindheit waren meine Eltern durchaus gewillt, an meinem Geburtstag zu Hause zu sein, das weiß ich sehr zu schätzen, aber ich glaube mich zu erinnern, dass damit spätestes an meinem 16. Schluss war.

»Ja, weißt du Lucinde, ich persönlich habe ja ein eher gespaltenes Verhältnis zu meinem Geburtstag«, erklärt mir meine Mutter, um ihre Abwesenheit zu relativieren. »Er bedeutet mir gar nichts. Ja, am liebsten wäre ich da dann einfach irgendwo unterwegs und müsste nicht die ganze Zeit ans Telefon gehen.«

»Schön und gut«, sage ich und schaue ihr dabei zu, wie sie in Reiseprospekten blättert. »Das mag ja sein! Aber es handelt sich dabei ja auch nicht um deinen, sondern um meinen Geburtstag, und ich hätte dich einfach gerne dabei. Du bist doch meine Mutter!« Ich kann ihre Einstellung zwar nachvollziehen und bemerke auch bei mir eine gewisse Tendenz in diese Richtung, aber das kann ja durchaus auch daran liegen, dass eben niemand in dieser Familie je mit mir meinen Geburtstag feiern wollte, seitdem ich einigermaßen groß bin.

»Ich weiß, dass ich deine Mutter bin. Aber die bin ich ja auch an den anderen 364 Tagen im Jahr.«

Hier kommen wir wohl eher nicht weiter. Ich feiere meinen Geburtstag also irgendwie schon, hin- und hergerissen zwischen dem Wunsch, Blumen, einen Kuchen und viele Geschenke zu bekommen, das Haus voller Gäste zu haben und weit nach Mitternacht ins Bett zu gehen – und dem Gefühl, dass das doch alles gar nicht nötig ist und man diesen Geburtstag besser ignoriert.

Ja, seitdem ich die vierzig überschritten habe, ertappe ich mich selbst dabei, wie ich mir Geburtstagsvermeidungsstrategien zurechtlege. Und warum? Erstens, finde ich, geht das alles viel zu schnell mit dem Älterwerden und so. Und zweitens möchte ich es – ähnlich wie an Weihnachten – einfach nur schön haben. Entspannt. Und so wie in der Werbung: lachende Gesichter, fröhliche Menschen, liebevoll ausgesuchte Geschenke und Freude darüber, dass es mich gibt. Hohe Erwartungen, die nicht ganz leicht zu erfüllen sind. Stattdessen backe ich mir selbst einen Kuchen, obwohl ich kaum etwas weniger leiden kann, als nachmittags rumzusitzen und Kohlehydrate in mich reinzuschaufeln. Ich serviere meinem Besuch Kaffee, der sich zwar gut unterhält, aber nicht mit mir, weil ich ja in der Küche bin. Und abends lädt mein Mann mich (und die Kinder) zum Essen in ein Restaurant meiner Wahl ein, das ich danach aussuche, was die Kinder gerne essen, das nah an zu Hause liegt und einigermaßen bezahlbar ist (denn wir sind echt viele). Am Ende meines Geburtstages bin ich oft so platt, dass ich nur noch schlafen will, aber ein Geburtstag ohne wenigstens einen Absacker in einer Bar ist doch kein richtiger Geburtstag, stimmt's? Noch schlimmer finde ich die runden Geburtstage ohne Kaffee und Kuchen, dafür mit Häppchenbuffet, Motto und Tanzen bis zum Morgengrauen. Da bin ich schon müde vom bloßen dran Denken!

»Na ja«, sagt meine Mutter und grinst. »Du wirst halt auch nicht jünger!« Eben. Nicht, dass ich diese Feste nicht mögen würde (ich mag sie sogar sehr), aber eben lieber dann, wenn nicht ich der Festochse bin. Wenn jemand anderes Geburtstag hat, das finde ich großartig. Da macht mir sowohl die Vorbereitung als auch die Party selber Spaß. Gerne auch bis morgens um fünf. Ach, ich bin einfach hin- und hergerissen.

»Siehst du? Und deshalb fahre ich lieber weg.« Mit sich zufrieden verschränkt sie ihre Arme vor der Brust und grinst. »Also, wir könnten ja auch zusammen wegfahren. Ich kenne da ein wirklich nettes Hotel.« Hm. Wo war noch mal mein Koffer?

Man muss die
Feste feiern,
wie sie fallen:
Gute Gründe
dafür und
dagegen

Weihnachten

Dass Geburtstage im Hause meiner Eltern nicht besonders hoch im Kurs standen, ist das eine. Aber auch andere große Feste wie beispielsweise Weihnachten waren für sie nie etwas, das sie gerne zu Hause gefeiert haben. Oder überhaupt. Am liebsten waren sie auch dann unterwegs, wenn alle anderen Familien sich zahlreich und freudestrahlend um liebevoll geschmückte Tannenbäume versammelt haben. Ich war immer neidisch und hatte das Gefühl, etwas zu verpassen. Woraus sich diese Aversion bei meinen Eltern entwickelt hat, kann ich überhaupt nicht nachvollziehen, denn beide kommen aus großen Familien, und nachdem ich selbst eine habe, scheint mir das doch eine ideale Zeit, um ebendieses zu zelebrieren. Obwohl, seitdem ich selbst schon das eine oder andere Weihnachtfest organisiert, vorbereitet und dafür gesorgt habe, dass alle anderen glücklich sind, könnte ich mir durchaus vorstellen, dass vielleicht doch genau das der Grund war, warum sie das nicht mehr wollten.

Jedenfalls waren wir an Weihnachten in meiner Kindheit nun mal nur zu dritt und dementsprechend unabhängig. Keine Großeltern, Tanten, Onkel, Cousins und Cousinen, die gerne das Fest der Liebe mit uns verbringen wollten, und ein eher eingeschränktes Bedürfnis meiner Mutter, Plätzchen zu backen (»Die dann doch keiner isst – oder alle dein Vater, und das bekommt ihm gar nicht!«) oder gar ein Festmahl zuzubereiten. Wir haben Weihnachten immer in einer Pension im Kleinwalsertal verbracht, direkt an der Talstation vom Walmendingerhorn, mit lauter ebenfalls feierunwilligen Menschen, die meist aus

Fernsehkollegen meines Vaters bestanden, weil die Pension einem befreundeten Ehepaar gehörte, das ebenfalls beim SDR arbeitete. Kinder gab es keine. Außer mir. Sonst hätten meine Eltern vielleicht auch ganz auf Weihnachten verzichtet. So aber kamen sie aus dieser Weihnachtsnummer nicht völlig raus. Außerdem war die Köchin auf meiner Seite.

Die Pension war in einem wunderschönen alten Walserhaus untergebracht, es gab dort einen – ach, was sage ich: zwei! riesige Weihnachtsbäume, die ich mit der Köchin schmücken durfte. Ich durfte außerdem beim Backen helfen und konnte, aufgrund unserer Freundschaft, auch verhindern, dass ich am 24. Dezember Karpfen essen musste. Wir beide aßen nämlich Käsespätzle. So. Und ich bekam den Schokopudding nicht nur mit einem winzigen Sahnetuff, wie alle anderen, nein, auf meinem war ein schönes, schnörkeliges Sahne-L wie Lucinde.

Die Gastgeberin (eine sehr kluge Rechtsanwältin) spielte mit mir stundenlang *Elfer raus!* und mogelte so offensichtlich, dass selbst ich es bemerkte und jedes Mal gewann. Mein Selbstwertgefühl steigerte sich durch diese *Elfer-raus!*-Abende enorm. Denn mein Vater ließ mich nie gewinnen. Egal bei welchem Spiel.

An Heiligabend fuhren wir alle bis mindestens um drei Uhr nachmittags Ski, duschten dann heiß, machten uns schön und ließen uns verwöhnen. Irgendwann, als ich schon ein bisschen älter war, so ungefähr 17, baute ich einmal auf der letzten Abfahrt noch eine Skihütte und diverse Wodka Feige ein. An dieses Weihnachten erinnere ich mich nicht mehr ganz so gut. Aber es war wohl sehr lustig. Sagen alle.

In meiner Vorstellung war das alles trotzdem irgendwie falsch und meine Sehnsucht nach einem Oma-Opa-Vater-Mutter-Kind-Weihnachten ungebrochen. Wenn ich nur damals schon gewusst hätte, wie gut mein Weihnachten in Wirklichkeit war … Aber dazu musste ich es eben erst mal ausprobieren.

Nachtrag:
Ich habe mich wirklich sehr bemüht, Weihnachten meiner eigenen Idealvorstellung anzugleichen, seitdem ich selbst Kinder habe. Ich backe Plätzchen wie verrückt, der Baum biegt sich unter Schmuck und Kerzen, wir gehen in die Kirche, das Essen ist üppig, wir packen andächtig und nacheinander unsere Päckchen aus, nachdem die Kinder zusammen vor dem brennenden Kamin musiziert haben, lieben uns und sind dankbar, dass wir uns alle haben.

Ernsthaft? Das haben Sie geglaubt? Leider entspricht das zwar nach wie vor meinem Idealbild, aber leider ü-ber-haupt nicht der Realität. In Wirklichkeit und ganz unter uns sehne ich mich manchmal nach diesen Weihnachtsfesten im Kleinwalsertal, mit diesen vielen unbekannten Menschen, dem Sahne-L, das jemand auf meinen Nachtisch zaubert. Das Gras ist eben doch immer viel grüner – oder in diesem Fall der Schnee viel weißer auf der anderen Seite der Berge.

Onkel Karl is in the house!

Ein anderer Grund, warum wir Weihnachten ausfallen lassen und Geburtstage ignorieren, könnte auch sein, weil ganz normale Zusammenkünfte unserer Familie verlaufen, wie sie eben verlaufen. Ein Fest, das wir mit Tante und Onkel mütterlicherseits gefeiert haben, hat uns dabei vermutlich alle geprägt. Und zwar lebenslänglich. O ja.

Dabei war es noch nicht einmal eine Hochzeit, eine Taufe oder gar eine Beerdigung. Es war eigentlich einfach nur ein ganz gewöhnliches Familientreffen, wenn man mal davon absieht, dass es solch ein Treffen nur ein einziges Mal gab. Und dass »gewöhnlich« so oder so bei uns wahrscheinlich nicht vorgesehen ist. Der Anlass war der Besuch meiner Großtante und ihres Manns, Emmi und Onkel Karl, die damals schon seit vielen Jahren in den USA lebten.

Eingeladen waren außerdem meine Großmutter, mein Onkel Norman und dessen Frau. Und eben wir. Es lohnte sich jedenfalls, für diese illustre Gesellschaft eigens die Tischverlängerung zu entmotten und den Vorrat an Getränken aufzustocken, denn es war nicht nur ein Mittagessen geplant, sondern auch ein ausgedehnter Spaziergang mit anschließendem Tee und Kuchen, ein leichtes Abendessen, Übernachtung und Frühstück am nächsten Morgen.

Es war Sommer, und man soll ja sowieso viel trinken. Als Vorspeise gab es Salat und als Nachtisch Vanille-Eis mit Rumtopf. Was meine Mutter als Hauptspeise gekocht hat, weiß ich nicht mehr. Ich glaube, niemand kann (oder konnte sich jemals) daran erinnern. Denn bevor wir uns an den Tisch setzten, servierte meine Mutter Campari Soda, einen sogenannten Aperitif. *Daran* erinnere ich mich jedenfalls noch deutlich. Ein Gläschen zur Begrüßung war vermutlich auch eine wirklich gute Idee, denn erstens sieht so ein Campari hübsch aus, und zweitens bewirkt er so einiges, vor allem, wenn sich alle geladenen Gäste beinahe zehn Jahre nicht gesehen haben und das Eis erst mal gebrochen werden muss.

Meine Mutter trank nichts, sie hatte schließlich auch in der Küche zu tun. Ich auch nicht, denn ich war noch zu jung. Ich würde sagen, es dauerte maximal eine Viertelstunde, und das Eis war so was von gebrochen. Mein Vater, der der Familie meiner Mutter gegenüber immer ein wenig distanziert, wenn nicht kritisch gegenüberstand, hatte offensichtlich sehr viel Spaß mit seiner Schwägerin, was unschwer an ihrem Kichern zu erkennen war. Mein Vater kicherte sonst nie. Lauthals Tränen zu lachen war eher seins, aber auch das dauerte normalerweise nicht mehr als eine Drinklänge. Apropos: Onkel Karl schenkte noch mal nach. Immerhin trank man in den USA vor allem Bier und außerdem: das bisschen Campari ... ein Großteil dieses Getränks war ja Wasser. Nach Campari Soda Nummer zwei tanzte Norman zuerst mit meiner Oma und dann mit seiner Tante Quickstep, als meine Großmutter sich zum Verschnaufen in meinem Puppenkinderwagen niederließ und Onkel Karl begann, sich seiner Oberbekleidung zu entledigen. Das war der Moment, in dem ich beschloss, nie Campari zu trinken.

Meine Mutter wunderte sich zwar, dass die Gäste den Salat nicht so wahnsinnig attraktiv fanden, wo sie doch vorher solchen Hunger gehabt hatten, aber ihr Hauptinteresse galt dem

Weißwein, den mein Vater zum Essen geöffnet hatte. Wenigstens ließen sie sich erweichen, Wasser dazu zu trinken. Man hätte ja sonst vermuten können, sie wären nur am Alkohol interessiert gewesen. Und das waren sie auf keinen Fall.

Meine Mutter bemühte sich, alle Gäste froh zu machen und war – so glaube ich mich zu erinnern – vor dem Besuch einigermaßen aufgeregt gewesen, jetzt aber löste sich ihre Anspannung, als sie sah, wie viel Spaß ihre Familie hatte.

Onkel Karl trug nur noch sein Unterhemd (obenrum – untenrum war er, Gott sei Dank, vollständig bekleidet), mein Vater lachte, mein Onkel sang, und meine Oma war offensichtlich sehr erschöpft, denn sie hatte nach ihrer Rückkehr an den Tisch den Teller beiseitegeschoben, ihre Arme abgelegt und schnarchte hingebungsvoll und laut.

Ratlos servierte ich gemeinsam mit meiner Mutter das Eis mit dem Rumtopf, das auch wieder große Begeisterung, Gesang und Beifall hervorrief.

Unerklärliche Dinge gingen hier vor, da waren wir uns einig. Alle anderen waren überzeugt, dass alles war, wie es sein sollte. Ich lernte an diesem Tag mehr Liedtexte mit zweifelhaftem Text sowie interessante amerikanische Bräuche kennen (sich vor dem Essen auszuziehen ist nämlich laut Onkel Karl mehr als praktisch, denn dann ist man schon für den Mittagsschlaf vorbereitet). Den Mittagsschlaf hielt mein Onkel auf unserer Couch, meine Tante im Garten auf einer Decke und meine Oma am Tisch ab (wir waren nicht in der Lage gewesen, sie zu wecken). Ich fühlte mich fast in das Märchen von Dornröschen versetzt, mit der bangen Frage, ob meine Mutter und ich auch gleich einschlafen würden, wir dann hundert Jahre schlafen mussten und vor allem, wer der Prinz sein würde, der mich wach küsste.

Weil wir zu Hause offensichtlich nichts mehr ausrichten konnten, gingen wenigstens meine Mutter und ich spazieren. Meine Mutter war sehr still. Sie stellte mir nur eine einzige Frage. Nämlich die, ob ich glaubte, dass irgendetwas mit dem Essen nicht in Ordnung gewesen sei.

Als wir eine halbe Stunde später zurückkamen und an unserer Türe klingelten, öffnete uns Onkel Karl. Er sah furchtbar aus. Und ja, er hatte seine Hose auch noch ausgezogen. Aber es war vor allem sein Gesicht: Die Haut schien fahl, die Augen waren blutunterlaufen. In der Hand hielt er eine fast leere Mineralwasserflasche.

»Ich hatte echt Durst«, begann er und streckte sie uns entgegen. »Und ich habe nach Wasser gesucht. Aber ich hab nur die Flasche vom Mittagessen gefunden.«

Ich hätte vielleicht noch ein paar in den Kühlschrank stellen sollen, schließlich war der Wassernachschub meine Sache. Aber nachdem die Festgäste offensichtlich schon selbst den Weg zum Kühlschrank gefunden hatten, hatte ich mich nicht weiter darum gekümmert. Aber sobald wir drin wären, würde ich gleich …

»Aber sag mal«, fuhr er fort. »Ist das das Wasser, mit dem du den Campari Soda gemixt hast? Weil … irgendwie riecht das alles gleich.«

Meine Mutter nahm ihm die Flasche ab. Ja, es war eine ganz normale Wasserflasche. Optisch. Identisch mit den 24 anderen im Wasserkasten. Indes: diese hier stammte vom Nachbarn. Er hatte uns erst am Tag davor zwei davon geschenkt. Sie enthielten jeweils einen ganzen Liter Selbstgebrannten. Wobei: Jetzt nicht mehr.

Nachtrag:

Mein Onkel Karl kam nur noch ein einziges Mal nach Deutschland. Die Reise war für ihn mittlerweile doch sehr beschwerlich geworden, und Fliegen sowieso nicht unbedingt seins. Aber einmal wollte er noch in seine alte Heimat. Schon von zu Hause aus hatte er dafür gesorgt, dass meine Mutter Bescheid wusste. Und nicht nur das: Er ließ anfragen, ob sie sich vielleicht vorstellen konnte, noch einmal für ihn zu kochen. Drinks inklusive.

Sri Lanka

Daran, dass Athleten die Welt sehen müssen, hat meine Mutter immer festgehalten. Zumindest theoretisch. Praktisch köchelte ihr Reisefieber in meiner Kindheit und Jugend nur auf kleiner Flamme vor sich hin. In dieser Zeit war sie nur einmal mit meinem Vater geschäftlich in Asien unterwegs, ansonsten waren wir viel am Chiemsee, im Kleinwalsertal und ein paar Mal in Portugal, wo ihre Schwester ein Haus hat. Unsere Urlaube waren zumindest bis zu meiner Pubertät immer sehr schön und, wenn man mal von den aufregenden Momenten direkt vor den jeweiligen Reisen absieht, auch sehr entspannt. Für diese Momente konnte meine Mutter allerdings absolut nichts. Nein, für die war mein Vater ganz allein zuständig. Aber dazu später mehr.

Die Anzahl der Flugreisen war jedenfalls überschaubar. Doch kaum konnte man mich alleine lassen, war sie wieder auf Achse. Während meine Klassenkameraden nach dem Abitur durch die USA oder per Interrail durch Europa tourten, blieb ich zuerst einmal in Stuttgart, um Haus und Katze zu hüten, während sie mit meinem Vater für ein halbes Jahr durch Südamerika reiste. Sie.

Ja, ich würde auch noch meine Chance bekommen. Das war vielleicht nicht gleich abzusehen, aber dennoch ... Als meine Eltern wieder zurück waren, ging ich zuerst für drei Monate nach England und dann ein Jahr nach Spanien. Ich wollte internationales Recht studieren und hatte beschlossen, mit »international« anzufangen. Nun, es wurde nichts daraus, denn parallel dazu bewarb ich mich um einen Ausbildungsplatz zur Schreinerin (den ich nicht bekam) und einen Studienplatz für Grafikdesign in San

Francisco. Den ich bekam. Athleten müssen die Welt sehen? Stimmt. Aber unsportliche Menschen offenbar auch.

Ganz besonders gern ist meine Mutter eben nun mal an Geburtstagen unterwegs. Dieses Jahr ist außerdem ihr erster ohne meinen Vater, und auch wenn er die letzten Jahre nicht mehr mit ihr verreisen oder Geschenke für sie kaufen konnte, so hat er doch immer dafür gesorgt, dass jemand anderes eine Rose in seinem Namen für sie gekauft hat.

Weihnachten ist also dieses Jahr eher etwas, was sie nicht haben muss, und Silvester ist aus ähnlichen Gründen und zusätzlich der Raketen und des Geballeres wegen in den Augen meiner Mutter überflüssig. So hat sie beschlossen, dieses Jahr um den Jahreswechsel herum eine Reise zu unternehmen. Am liebsten wollte sie natürlich eine Städtereise machen. Nach New York, Sevilla, Bilbao oder so, allerdings ist der Winter ja dafür nun nicht die ideale Reisezeit. Dafür könnte man ja in den Schwarzwald, in eines dieser Traditionshotels, oder alternativ gäbe es auch noch den Jakobsweg, den sie schon vor ein paar Jahren im Sommer mit Freundinnen entlanggewandert ist. Im Winter hat er zwar ein ganz eigenes Flair, aber da ist über Weihnachten sicher viel los oder das Wetter viel zu schlecht oder die guten Unterkünfte sind schon weg, und ihre Freundinnen sind da bestimmt auch verplant, aber wenn ich Lust hätte …

Ja, ich habe auch Lust, Zeit mit meiner Mutter zu verbringen, sehr sogar, und die Kinder sind auch schon ein bisschen größer und brauchen mich nicht mehr so dringend, aber trotzdem bin ich hier die Mutter, zwar flexibel, was meinen eigenen Geburtstag angeht, aber bei Weihnachten ist einfach Schluss. Da kann ich nicht weg.

»Oh. Na gut. Dann fahre ich eben alleine.«

Höre ich da etwa Enttäuschung durch? Wenn, dann währt sie nur kurz. Meine Mutter ist nicht unbedingt jemand, der sich lange von irgendetwas aufhalten lässt. »Oder weißt du was? Ich könnte doch auch mal für zwei bis drei Wochen nach Sri Lanka und eine Ayurveda-Kur machen.«

Oh. Uh. Weihnachten? Was war das noch mal? Sri Lanka, Ayurveda und überhaupt: DREI WOCHEN! Braucht mich meine Familie wirklich? Ich meine, wird Weihnachten nicht sowieso völlig überschätzt?

»Ich würde dich ja so gern mitnehmen, aber leider, leider kannst du ja nicht weg ...« Ist das ein Kichern da am anderen Ende der Leitung? »Gut, dann ... tut mir leid, aber dann musst du eben vielleicht so lange warten, bis du auch so alt bist wie ich.« Sie seufzt. »Ich werde unter Palmen liegen, Kokosnusssaft trinken, Bücher lesen, mich massieren lassen, schlank, schön und entspannt zurückkommen. Ach, weißt du, Lucinde, das würde dir alles auch nicht schaden.«

Na warte.

»Soll ich dich an den Flughafen fahren?«, frage ich und bemühe mich um die lieblichste Stimme, die ich zur Verfügung habe. »Vielleicht jetzt gleich?«

Natürlich finde ich die Idee großartig, und selbstverständlich unterstütze ich sie auch bei der Umsetzung. Und ich gönne ihr diese Reise von Herzen. Sie hat sie absolut verdient. Gut, ich auch, aber vielleicht muss ich wirklich noch ein bisschen warten. Und vielleicht muss es ja wirklich nicht unbedingt Weihnachten sein.

Am nächsten Morgen Punkt zehn Uhr begleite ich sie in das Reisebüro, in dem ich auch schon oft gebucht habe. Die Damen dort kennen sich gut aus und – was noch viel wichtiger ist – sind unglaublich geduldig. Das ist definitiv ein ganz wesentlicher Vorteil, den sie im Gegensatz zu mir haben.

Meine Mutter ist nicht unbedingt eine entscheidungsfreudige Person. Gleichzeitig ist sie aber eine Superoptimiererin. Es fällt ihr immer noch etwas ein, was quasi die Kirsche auf der Sahne des I-Tüpfelchens ist. Einen Urlaub mit ihr und für sie zu planen ist also nicht ganz einfach. Einen wesentlichen Schritt hat sie allerdings schon allein damit gemacht, dass sie sich überhaupt für eine Flugreise und gegen den Schwarzwald entschieden hat, wobei sie dort ja auch immer sehr glücklich ist und eine Flugreise schon aus ökologischen Gründen ja eher doch nicht ... Aber ihre letzte Flugreise ist sieben Jahre her und die Sehnsucht nach Sonne und Wärme groß.

Drei Wochen Sri Lanka sollen es werden, in diesem einen Hotel, in dem ihre Freundin Else schon mal war und so tolle Ayurveda-Erfahrungen gemacht hat. Sie will nicht über Nacht fliegen und möglichst direkt, dafür auf jeden Fall noch vor Weihnachten hin und erst nach ihrem Geburtstag Mitte Januar zurück.

Meine Mutter zuckt mit den Schultern, als ich sie ein wenig verwirrt ansehe. *Was denn*, sagt ihr Gesichtsausdruck, *ich weiß gar nicht, was du willst! Ich kann mich doch total gut entscheiden!* Eben! Genau das ist es ja, was mich stutzig macht.

Es ist fast elf Uhr, als Frau Häusler, die Dame, die sich unserer erbarmt hat, meiner Mutter stolz die auf ihre Bedürfnisse zurechtgeschnittene Reise präsentiert. Dabei hat sie an alles gedacht, berücksichtigt, vorsortiert und in mundgerechten Häppchen präsentiert. Meine Mutter muss nur noch zustimmen, eine

Anzahlung machen, ein Visum beantragen – und dem Urlaub steht nichts mehr im Wege.

Obwohl: »Das ist schon eine sehr große Reise, oder?«

»Ja, eine sehr große, tolle Reise, und ich finde es sehr mutig, dass du dir das alleine zutraust.«

»... *ich mir das alleine zutraue?*« Erstaunt sieht mich meine Mutter an.

»Ja, genau.«

»Ach so, oh, darüber habe ich noch gar nicht nachgedacht.« *Nicht?*

»Wenn ich es mir so recht überlege, könnte ich doch auch im Anschluss noch nach Neuseeland fliegen und Maria besuchen? Wenn ich schon mal dort um die Ecke bin?«

Stille. Meine Mutter verschränkt die Arme vor der Brust und schaut zuerst mich und dann Frau Häusler sehr zufrieden an. *Oh, oh.*

»Maria ist ihre Enkelin«, erkläre ich und lächele freundlich. Frau Häusler lächelt auch. Noch. Und gibt erneut Daten in ihren Rechner ein. Sie ist echt schnell, muss ich sagen. Es dauert keine weitere halbe Stunde, und sie hat einen fertigen Reiseplan für meine Mutter erstellt. Währenddessen hat diese freudig den dritten Cappuccino getrunken und in den Prospekten geblättert, die man ihr zur Wartezeitverkürzung in die Hand gedrückt hat.

11.27 Uhr. Frau Häusler atmet einmal tief durch und dreht den Bildschirm so, dass meine Mutter ihn sehen kann. Ihr freundliches Lächeln hat sie extra aufsetzen müssen. Ich hab's genau gesehen. Und ich habe Mitleid.

»Also«, sagt sie.

»Also?« Meine Mutter grinst erwartungsvoll.

»Ja, also ich ... habe jetzt einen wirklich tollen Hinflug über Dubai für Sie gefunden, mit kurzen Wartezeiten und zu einer vernünftigen Zeit.« Meine Mutter nickt zustimmend. »Drei Wochen Aufenthalt in Sri Lanka, und, mit einem Zwischenstopp in Singapur, Weiterflug nach Christchurch, Neuseeland, wo Sie ...«

»Über Singapur?«

»Ja, über Singapur.« Irritiert unterbricht sie ihren Vortrag. »Ist das ein Problem?«

»Nein, nein, absolut nicht, ich war einfach noch nie in Singapur.«

»Wollen Sie dann vielleicht lieber über einen anderen Flughafen ...« Sind das etwa Schweißperlen auf Frau Häuslers Stirn?

»Über einen anderen Flughafen? Nein, ganz im Gegenteil: Ich habe gehört, dass der Flughafen so toll sein soll, es ein eigenes Schmetterlingshaus im Gebäude gibt und man im Flughafen sogar in einem sehr schönen Hotel übernachten kann!«

»Äh, ja, das stimmt.«

»Na, dann mache ich das doch!« Sie strahlt. »Ist doch eine großartige Idee, oder etwa nicht? Dann ist der Flug nicht so anstrengend, und ich habe eine Pause und ... das muss man sich doch mal anschauen! Singapur! Meinen Sie nicht?«

»Doch, doch, das ... kann man schon so sehen.« Das Lächeln ist noch da, aber es verrutscht ein wenig, als sie den Bildschirm wieder zu sich zurückdreht. Frau Häusler tupft sich die Stirn. Ich hätte mir etwas zu lesen mitnehmen sollen, so viel ist klar. Urlaubsprospekte anschauen ist mir viel zu gefährlich. Nachher buche ich auch irgendwas, nur damit Frau Häusler wenigstens ein Erfolgserlebnis hat, und dann hängt der Haussegen bei uns schief, obwohl ich ja eigentlich nichts dafür kann, aber ...

»Ich verschiebe den Weiterflug nach Christchurch also um 24 Stunden, ja? Und ich reserviere eine Nacht im Crowne Plaza. Das wird zwar schwierig mit dem Weiterflug nach Nelson, weil da nur ganz kleine Maschinen fliegen, und die sind um die Weihnachtszeit recht voll, aber vielleicht haben wir ja Glück und es klappt. Geben Sie mir zehn Minuten.«

»So machen wir das«, sagt meine Mutter. Ihr Blick sagt: Zehn Minuten? Dass ich nicht lache. Für das bisschen Buchen hat sie ja jetzt auch schon einen halben Vormittag verplempert.

Ich bemühe mich um ein Pokerface. Mein Blick hält besser die Klappe.

Während Frau Häusler zu tippen beginnt, fällt mir aber doch noch etwas nicht ganz Unwesentliches ein. »Hast du Maria denn gefragt, ob sie überhaupt da ist und Zeit für dich hat?« Immerhin arbeitet sie auf einer Farm mit angeschlossenem Guesthouse, und da Weihnachten in Neuseeland Hauptreisezeit ist, kann es durchaus sein, dass man dort mit ihr rechnet.

Nee, hat sie nicht.

»Aber ich brauch ja auch nicht viel und kann mich um mich selber kümmern. Ich nehme mir dort eine nette kleine Pension, und dann kann sie mich besuchen oder auch nicht.«

Schon klar.

»Außerdem: Was wäre das denn für eine Überraschung, wenn ich mich vorher ankündigen würde?«

Da hat sie natürlich recht.

Allerdings: Die Farm, auf der Maria ihr Freiwilliges Soziales Jahr absolviert, ist quasi autark. Will heißen, drum herum ist nichts. Nothing. Keine Pension, kein Hotel. So wenig Zivilisation, dass Maria ihr Erspartes in ein Auto investiert hat. Ein

Auto, das sie zwar in den nächsten Ort, aber ganz sicher nicht die komplette Küste entlang nach Christchurch und wieder zurück nach Nelson bringen würde, schon gar nicht an einem einzigen Nachmittag, so gern sie ihre Oma auch hat und sich über ihren Besuch freuen würde. Außerdem habe ich Marias Zimmer gesehen. Sie teilt es sich mit einer Freundin. Die Toilette ist draußen. Ebenso die Dusche. Die Waschmaschine sowieso. WLAN gibt es nicht, dafür hat das Kind ein eigenes Schaf. Noch Fragen?

»Hm. Du meinst also, Neuseeland ist keine gute Idee?«

»Also doch nicht Christchurch?« Sowohl Frau Häusler als auch meine Mutter schauen mich an, als hätte ich ihnen den ganzen Spaß verdorben.

»Ja, also meine Tochter ist ja immer so negativ. Ich bin mir sicher, das wäre alles kein Problem, aber wenn sie meint ...«

Sie schüttelt bedauernd den Kopf.

Frau Häuslers blonder Schopf senkt sich wortlos wieder hinter den Bildschirm. Bevor sie zu tippen anfängt, schiebt meine Mutter die Kaffeetasse von sich und beginnt, sich die Jacke anzuziehen.

Was?

»Vielleicht muss ich da doch noch mal drüber nachdenken. Das ist mir jetzt alles viel zu kompliziert. Und den Schwarzwald gibt es ja auch noch.« Sie steht auf.

»Da muss ich erst mal eine Nacht drüber schlafen. Aber der Cappuccino war sehr gut. Wissen Sie was? Ich komme einfach morgen noch mal.«

Ich weiß, wie Verzweiflung aussieht. Ich habe sie in Frau Häuslers Gesicht gesehen, als meine Mutter zum Abschied winkte und das Reisebüro verließ.

»Reservieren Sie Sri Lanka«, flüstere ich ihr zu, bevor ich ebenfalls aufstehe. »Und alle Flüge so wie ursprünglich besprochen. Meine Mutter ruft sie spätestens in einer Stunde an. Versprochen.« Ich sehe ihr an, dass sie mir nicht glaubt. Aber ich kenne meine Mutter. Kaum bin ich draußen, sagt sie kopfschüttelnd: »Eine nette Frau, diese Frau Häusler.« Sie hakt sich bei mir ein. »Aber so kompliziert! Ich weiß gar nicht, warum sie mir diese tausend Vorschläge gemacht hat. Wie soll man sich denn da entscheiden? Ich glaube, ich brauche erst mal einen Prosecco.«

Und ich erst. Dabei trinke ich nie Alkohol mitten am Tag. Während sie versonnen an ihrem Glas nippt, sagt sie mit Blick nach draußen auf all die Leute, die am Fenster vorübergehen: »Weißt du, es wäre schon nett gewesen, Maria zu besuchen, den Flughafen in Singapur zu besichtigen und noch ein bisschen unterwegs zu sein, aber das läuft mir ja nicht davon. Alles auf einmal ist vielleicht auch wirklich ein bisschen viel, Lucinde. Ich bin auch nicht mehr die Jüngste! Also, ganz unter uns: Du hattest auch schon bessere Ideen.«

Sag ich ja. Sri Lanka zu reservieren zum Beispiel. Denn nach dem nächsten Prosecco besteht meine Mutter drauf, ins Reisebüro zurückzukehren und alles fix zu machen.

»Keine Ahnung, was du immer hast. Ich weiß doch immer von Anfang an ganz genau, was ich will.« Natürlich. Ganz klar. Was ich will, ist noch einen Prosecco. Mindestens einen.

Nachtrag:
Sri Lanka war die beste Idee, die meine Mutter je hatte. Also sie. Ganz selbstständig, spontan und ohne, dass sie dabei irgendwie lange darüber nachdenken musste, ob es auch wirklich

die richtige Entscheidung war. Wie ... ironisch? Ich bin doch nicht ... also ... okay. Aber nur ein bisschen.

Sie hat dort offensichtlich sehr nette Menschen kennengelernt, sich richtig verwöhnen lassen, Schildkröteneier gerettet, Schlammmasken und Ölgüsse genossen (ich habe die Fotos, zeige sie aber nur für Geld), sie hat an ihrem Geburtstag ein Blütenbad und von irgendeinem berühmten Superyogi drei Nüsse geschenkt bekommen. Sie hat einen Elefanten gestreichelt, am Strand tolle Spaziergänge gemacht und sich täglich eine Frangipani-Blüte hinters Ohr gesteckt.

Täglich erreichten uns begeisterte Whatsapp-Nachrichten mit Bildern.

Bis kurz vor Schluss.

Da kam dann das hier:

Mama: Komme am 18. in FFM an.

Lucinde: Wann?

Mama: Am 18.!

Lucinde: Die Uhrzeit!

Mama: Weiß nicht!

Lucinde: Schau auf den Flugplan, ich hole dich ab!

Mama: ...

Lucinde: Den Flugplan habe ich dir ausgedruckt

Mama: ...

Mama: ...

Lucinde: Was ist?

Mama: Musst mich nicht abholen.

Lucinde: ?

Mama: Flug Dubai-Frankfurt wurde gecancelt.

Lucinde: Soll ich Frau Häusler ...

Mama: JA!

Lucinde: ... mal anrufen?

Mama: Sag ihr, sie soll mich auf Dubai-Christchurch umbuchen! DANKE!

Lucinde: Nicht dein Ernst!

Mama ist offline

Lucinde: Hallo! Kannst du dich bitte mal kurz melden? Danke!

Mama ist offline

Lucinde: MUTTER!?

Mama: War nur ein Spaß. Ich nehme ein Taxi ☺

Schwarzwald geht aber auch

Es muss ja wirklich nicht unbedingt eine Flugreise und Sri Lanka sein. Natürlich ist der Schwarzwald auch schön. Und ein verlängertes Wochenende mit meiner Mutter ebenso. Ausreichend sind vier Tage allemal. Interessant ist nämlich immer wieder aufs Neue, wie schnell alte Mechanismen greifen. Kaum sitze ich bei ihr im Auto, bin ich wieder der aufmüpfige Teenager, der bei jedem Bremsmanöver übertrieben so tut, als würde er nach vorne geschleudert, und anregt, ein wenig schneller zu fahren und den Sender zu wechseln, auf einen, dessen Playlist nicht ausschließlich vom Seniorenheim Alpenrose ausgewählt wurde. Ich kann mich selbst nicht besonders gut leiden, wenn ich so bin. Meiner Mutter geht es anscheinend ähnlich. Genervt runzelt sie die Stirn.

»Willst du vielleicht fahren, Lucinde?«

»Nein, nein, alles gut.« Stummes, mehr oder weniger einträchtiges Herumschleichen auf deutschen Autobahnen und ein Sender, der sich rühmt, »nur Musik zu spielen, die unsere Großeltern noch kannten«. Dazu bremsen, nicken, seufzen. Meinerseits. Meine Mutter fährt rechts ran.

»Du fährst jetzt«, sagt sie bestimmt und steigt aus, um mit mir den Platz zu wechseln. Na gut, wenn sie meint, denke ich noch. Höre aber sofort damit auf, als sie beginnt, mir vorzuwerfen, viel zu schnell und zu dicht aufzufahren und überhaupt: *Das soll Musik sein?*

Sagen wir es so: Als wir nach etwas mehr als einer Stunde Fahrt im Hotel eintreffen, sind wir definitiv quitt. Aber so was von.

Und wir sind beide froh über unsere Einzelzimmer.

Jetzt bin ich ja, wie wir wissen, nicht nur Tochter, sondern auch Mutter von vier Kindern. Mein Mann ist tagsüber selten zu Hause, und ich bin es gewohnt, Verantwortung zu tragen. Entscheidungen zu treffen. Und sie auch durchzusetzen. Es mag funktionieren, so lange ich daheim und allein bin. Sobald meine Mutter in meiner Nähe ist, war's das. Also entweder handelt es sich hierbei um so ein klassisches Mutterding, oder es ist genetisch. Dabei kann keine von uns Entscheidungen für sich selbst richtig gut treffen, ohne ein schlechtes Gewissen zu haben, weil es uns immer wichtiger ist, dass es den anderen gut geht. *Das* hat ganz sicher was mit Mutterschaft zu tun. Jedenfalls bin ich sofort meiner Entscheidungskraft enthoben, sobald sie in meiner Nähe ist.

Dabei meint sie es nur gut. Wirklich. Unsere Zimmer liegen sich am Ende eines kleinen Ganges gegenüber.

»Nimm du das rechte«, schlägt sie vor. »Das hat ein längeres Bett.«

Das rechte? Längeres Bett? Find ich prima, mach ich gern. Ich schiebe mein Köfferchen ins Zimmer.

»Oder nein, vielleicht doch lieber das andere, denn das hier hat ja das Bad unter der Schräge und dann musst du beim Zähneputzen den Kopf einziehen.« Gutes Argument, denke ich und ziehe meinen Koffer in Richtung Tür.

»Aber entscheide du, welches du besser findest, mir ist es egal.«

Gut, dann nehme ich …

»Wobei das linke viel sonniger ist.« Sie lächelt mich aufmunternd an.

»Möchtest du es dann vielleicht haben?«

»Nein, nein, mir ist es egal, wo ich schlafe, Hauptsache, du hast es schön.«

»Ich finde beide Zimmer völlig in Ordnung«, sage ich und würde mich gern hinsetzen. Außerdem muss ich aufs Klo.

»Dann nimm doch das hier, dann gehe ich gleich raus, und du kannst auf die Toilette gehen. Kannst dir ja dann noch mal überlegen, ob dich das mit der Schräge nicht doch stört. Aber immerhin hat es einen Schreibtisch!«

Unter uns: Hätte eines der Zimmer eine Minibar, wäre die Entscheidung längst gefallen.

Kaum habe ich die Badezimmertür hinter mir zugezogen, klingelt das Telefon. Nicht mein Handy, das habe ich in der Hand. Sondern das Zimmertelefon. Ich verlasse also das Badezimmer und folge dem hartnäckigen Klingeln bis an mein Bett.

»Du, Lucinde«, meine Mutter ist dran. »Ich glaube, dieses hier ist doch besser für dich. Es hat einen größeren Fernseher, und ich weiß doch, wie gern du vor dem Einschlafen noch einen Film anschaust.«

»Mama?«

»Ja?«

»Ich muss jetzt wirklich aufs Klo.«

»Ah ja gut, dann will ich dich nicht ... Lucinde?«

»Ja?«

»Pass auf deinen Kopf auf – wegen der Schräge!«

Und dann haben wir es doch sehr schön. Meine Mutter entscheidet alles. Und ich entscheide fast nichts. Und stelle fest, wie erholsam das sein kann. Wir sind beide glücklich, trinken vor dem

Essen einen Aperitif, nach dem Essen einen Schnaps und tagsüber schon auch mal einen Prosecco.

Wenn ich wieder zu Hause bin, muss ich das Entscheiden erst mal wieder üben.

Vor allem entscheidet meine Mutter, dass ich mich jetzt mal endlich entspanne. Das klappt auch ganz gut, denn in der Saunalandschaft, wegen der dieses Hotel diesen fünften Stern wahrscheinlich bekommen hat, gibt es diverse und ganz unterschiedliche Saunen. Von Niedrigdampfgaren bis Oberhitze und Umluft ist alles dabei.

»Sauna ist toll.« Meine Mutter hängt ihren Bademantel an den Haken neben der Sauna mit der Nummer eins und bewegt sich fortan nackt. Ja, ich finde wirklich, sie kann es sich erlauben, und ich bewundere ihr Selbstbewusstsein diesbezüglich.

»Ich selbstbewusst?« Sie lacht. »Ich glaube bloß nicht, dass hier wirklich einer guckt. Und wenn schon. Wer noch nicht gesehen hat, was ich dabei habe, der kann vielleicht noch was lernen.« Sie kichert.

Hm. Hier wollen wohl einige ihren Wissensstand noch erweitern. Mein Bademantel bleibt an. O ja.

»Komm schon, sei nicht so verklemmt«, sagt sie. »So hab ich dich doch nicht erzogen!« Nein, hat sie nicht. Das kam von selbst. »Und außerdem: Schau dir doch die Leute hier mal an. Da ist doch keiner Arnold Schwarzenegger.« Ich weiß, was sie damit sagen will, aber trotzdem sind mir die dürren, schmerbäuchigen und einigermaßen normal Geformten lieber. Vor allem kenne ich sie alle nicht. Arnold Schwarzenegger schon. Und ihn nackt?

Schlimmer geht immer. Trotzdem wäre es mir lieber, meine Mutter würde leiser sprechen. Die Menschen hier mögen nicht

Mister oder Miss Universe sein, was aber noch lange nicht heißt, dass sie TAUB sind.

»Ach, ist doch kein Geheimnis. Alles. Und überhaupt: Komm, wir gehen mal rein!«

Meine Mutter entscheidet sich für den Holzkohlegrill. Dort sind wir nicht allein, weshalb sie alle Anwesenden mit einem fröhlichen »Hallo!« begrüßt.

Nach ein wenig Smalltalk, der sich relativ schnell in eine Richtung entwickelt, in der ich nicht mehr folgen möchte (Darmprobleme, Rücken, Prostata), verabschieden sich die Ersten, und ich bin froh darüber. Für Saunabesuche habe ich eindeutig zu viel Fantasie.

Meine Mutter ist auch froh. Aber eher darüber, »so nette Menschen kennengelernt zu haben«, und überhaupt: »Was du immer hast!«

»Dann sehen wir uns ja später an der Bar zum Aperitif!«, ruft sie noch freundlich einem älteren Schweizer Ehepaar hinterher.

Ja, grundsätzlich ist hier alles sehr schön, und ich bin äußerst stolz auf das kommunikative Talent meiner Mutter. Aber ich habe meine Grenzen. Und die sind spätestens erreicht, wenn die Menschen mir nackt gegenübersitzen. Aber meine Mutter hat so etwas nicht. Sagen wir es mal so: So wenig ich Arnold Schwarzenegger nackt in der Sauna begegnen will, so wenig will ich Gockel A von Holzkohlegrill Nummer eins die hoffentlich nicht mehr verschwitzte Hand an der Bar schütteln. Denn immer. IMMER. Hätte ich seine ... seinen ... egal ... im Kopf. Ihn vor mir. Nackig. Schwitzend. Tropfend. So viele Drinks kann ich gar nicht zu mir nehmen, um das zu vergessen.

Aber Sauna ist natürlich trotzdem toll, und irgendwann ist mein Gehirn vermutlich auch ein wenig geschmolzen, denn ich denke überhaupt nichts mehr. Nach dem dritten Gang bin ich total leer im Kopf und schlafe auf der Liege im Ruheraum ein.

Für drei Sekunden schlummere ich selig, bis meine Mutter mich am Ärmel rüttelt.

»Lucinde!«

»Wa...?«

»Oh, entschuldige, du schläfst?«

»Nein, jetzt nicht mehr ...«

»Tut mir leid, ich wollte dich nicht wecken. Ich wollte dir nur kurz sagen, dass ich jetzt ins Zimmer gehe. Mich ein bisschen ausruhen.«

»Okay.«

»Wir treffen uns dann um sieben an der Bar?«

»Uh ...«

»Du kommst doch, oder?«

»Ja, ich ... komme.«

»Gut. So. Also ich geh dann mal, ja? Du kannst ja auch hier noch ein bisschen bleiben. Oder vielleicht kannst du ja sogar oben in deinem schönen Zimmer schreiben! Du hast ja einen Schreibtisch!«

O ja. Das habe ich. Das kann ich. Das werde ich. Und ich weiß sogar schon worüber.

Die Tage mit meiner Mutter vergehen wie im Flug. Wir lachen viel, gehen spazieren und in die Sauna (manchmal sogar, ohne dabei jemanden kennenzulernen). Ich genieße es meistens, nichts entscheiden zu müssen, und rege mich nur manchmal darüber auf. Es ist ... wie früher. Ich fühle mich wie ein Kind. Na ja, manchmal auch wie ein bockiger Teenager, aber definitiv deutlich jünger und weniger in der Verantwortung als in den letzten zwanzig Jahren. Schön ist das. Irgendwie. Merkwürdig auch.

Und kaum bin ich aus dem Auto ausgestiegen, habe ihr zum Abschied gewinkt und beobachtet, wie sie auf die Hauptstraße abgebogen ist, vermisse ich sie. Am liebsten hätte ich sie immer um mich, und gleichzeitig bin ich froh, wenn sie in ihr eigenes Leben zurückkehrt.

Ich verstehe es nicht und verstehe es doch.

Mütter bleiben immer Mütter.

Und Kinder immer Kinder.

Ja, schön ist das. Und merkwürdig auch.

Sei doch
nicht so streng
mit mir:
Meine Mutter
entdeckt Neues.
Und Altes

Bärte. Und was man alles fragen darf

Ich mag ja Menschen, die eine aktive Gesprächsführung betreiben. Nichts ist schlimmer, als Zeit mit jemandem zu verbringen, der einsilbig antwortet oder gar nicht aufhört, von sich selbst zu sprechen. Menschen, die nur auf »Senden« und nicht auf »Empfangen« gestellt haben, lösen in mir akute Narkolepsie aus. Sobald ich das Gefühl habe, ein Interview zu führen, der teilnahmsvolle Therapeut meines Gegenübers zu sein oder dessen pausenfüllender Entertainer, bin ich raus. Oder, wenn ich es nicht rechtzeitig schaffe, mich zu entfernen, hinterher rechtschaffen erschöpft. Es ist einfach schön, wenn sich der Gesprächspartner nicht nur gern selbst reden hört, sondern sich auch selbst ein bisschen interessiert. Alles in Maßen eben.

»Was willst du denn eigentlich jetzt? Ich bin doch deine Mutter, ich darf das fragen«, sagt meine Mutter, wenn sie mich am Telefon löchert und irgendwelche Details zu meinen Körperfunktionen wissen will. Selbst wenn ich irgendwelche Informationen diesbezüglich mit ihr teile, ist es nicht genug. Sie will mehr wissen. Tiefer einsteigen. »Ich bin deine Mutter, ich *muss* das wissen«, rechtfertigt jede Investigation ihrerseits. Geht es um das Liebesleben und die Schulgeschichten meiner Töchter oder den Job, das Knie oder die sportliche Betätigung meines Mannes, ist sie eben wahlweise die Schwieger- oder Großmutter. Aber auch als solche darf sie doch wohl mal ...

Meine Töchter erzählen ihr viel, und es ist ja auch schön, dass sie so großes Interesse an ihrem Schwiegersohn hat. Freundliche Menschen würden sagen, dass sie eben Interesse an ihren Mitmenschen hat. Ich bin so ein freundlicher Mensch, auch wenn sie mein Wohlwollen auf eine sehr harte Probe stellt. Denn seit Neuestem dehnt sie ihr »Interesse« auf beinahe jeden aus, der ihr begegnet, und erläutert das Ganze, in dem sie sich selbst eine Art Generalvollmacht ausstellt: »Ich bin alt, ich darf das fragen«, ist neuerdings ihr Standardsatz. Sie fragt Dinge, die ich mir verkneife, weil ich davon ausgehe, dass sie dem Befragten unangenehm sind. Aber meine Mutter stellt selbst, wenn ihr dies nach ihrer ersten Frage und der darauffolgenden Antwort längst klar ist, die Konversation nicht ein. Niemals. Dazu ist sie einfach viel zu – ähm – interessiert an ihren Mitmenschen.

Zum einen. Zum anderen redet sie nicht nur gern mit, sondern auch über Menschen, die sie gerade beobachtet. Dies wiederum in einer Lautstärke, die vermutlich auch etwas mit ihrem Alter zu tun hat.

»Was, ich? Laut? Niemals. Was du wieder hast, Lucinde, ich rede doch ganz leise! Das hat er nicht gehört. Das kann er gar nicht gehört haben. Außerdem hab ich doch gar nichts Schlimmes gesagt, nur DASS ICH DIESE VOLLBÄRTE SCHRECKLICH FINDE. ABER DAS MUSST DU DOCH ZUGEBEN, LUCINDE: MIT DIESEN BÄRTEN SIEHT DOCH JEDER AUS WIE EIN HOLZFÄLLER. NICHTS GEGEN HOLZFÄLLER, ABER JETZT MAL IM ERNST: DIESE BÄRTE SIND DOCH AUCH TOTAL UNHYGIENISCH! WAS DA ALLES DRIN HÄNGT! UND DANN ARBEITEN DIE IN DER GASTRONOMIE?«

Tja.

Selbst hinter einem Vollbart sieht man, wenn das Lächeln verrutscht. Ich saß mit meiner Mutter an der Theke einer sehr hippen Kaffeebar. Etwas, wo die Kellner lange schwarze Schürzen, weißes Hemd mit Fliege, Tattoos und eben gern lange Bärte tragen. Sie lieben ihren Job, Kaffee und die Berufsbezeichnung Barista. Nachdem meine Mutter die schwarze, eng beschriebene Schiefertafel studiert hat, dreht sie sich ratlos zu mir.

»Was nimmst du denn da, Lucinde? Ich kann damit gar nichts anfangen. Ist das überhaupt Kaffee, was die da anbieten? Oder haben die an ihrer Tafel das Telefonbuch von Stuttgart abgeschrieben?« Der Barista hat sich uns zugewandt und wartet auf unsere Bestellung.

»Kann ich helfen?«

»Also, ich hätte gerne einen Flat White und ein stilles Wasser dazu.«

»Sehr gern.«

»*Was* nimmst du? Flach Weiß? Von was reden wir denn? Ein Stück Pappe oder was? Und woher weißt du überhaupt, was das ist? Flat White. Also, nein. Entschuldigen Sie, junger Mann, ich weiß ja, dass Sie hier vor allem komplizierte Kaffeespezialitäten haben, aber geht auch was ganz Normales?« Der »junge Mann«, der sein Gesicht, so weit ich es hinter seinem Bart beurteilen kann, wieder unter Kontrolle hat, lächelt freundlich. Beeindruckende Contenance, ich muss schon sagen.

»Selbstverständlich. Wie wäre es mit Filterkaffee? Sie bekommen einen eigenen Filteraufsatz, dürfen sich eine Kaffeesorte aussuchen, und selbstverständlich wird er ganz frisch aufgebrüht.«

»Na, das hört sich doch gut an. So was Altmodisches haben Sie hier?«

»Na klar, Filterkaffee ist doch wieder total gefragt!«

»Unglaublich. Das gefällt mir. Sagen Sie …« Meine Mutter kneift die Augen zusammen. »Können Sie mal ein Stückchen näher kommen? Ich kann Ihr Namensschild gar nicht lesen.« Der Barista beugt sich ein wenig nach vorne.

»Na klar.« Er grinst.

»Was steht da? O-M-U-R. Omur? Kommen Sie aus der Türkei?«

»Nein, ich …«

»Oder aus Indien?«

»Nein ich …

»Omur, Omur … das ist ja echt ein toller Name. Ich glaube, ich kannte auch mal einen Omur. Lucinde, hattest du nicht mal einen in deiner Klasse?«

»Einen Omur? Nein, ich glaube nicht.«

»Ich heiße Omar. Mit A.«

»Ah, Omar mit A. Auch sehr schön. Das hat dann wohl jemand auf dem Schild falsch geschrieben. Und Sie sind also der Besitzer?«

»Wie kommst du denn darauf?«

»Na ja, sieht man doch! Er wischt immer nach, wenn er die Kaffeemaschine benutzt hat. Das macht auch bestimmt nicht jeder.«

»Sie hat recht.«

Zufrieden mit sich und ihrem detektivischen Gespür lehnt meine Mutter sich zurück.

»Ja, so kann man sagen. Nicht ich alleine, ich mache das zusammen mit Erik, meinem ... Partner.«

»Mit Ihrem Partner? Der andere junge Mann, der da hinten bedient?« Im hinteren Bereich der Bar scherzt ein sehr großer, blonder Mann mit einer Gruppe junger Leute. Die beiden sind definitiv ein sehr attraktives Paar.

»Genau der.« Ein Strahlen zieht sich über sein Gesicht.

»Ah, und Sie beide sind also ... Brüder?«

»Also, äh ... Brüder? Wie ... meinen Sie das?«, irritiert schaut er von meiner Mutter zu mir, als ob ich es ihm vielleicht erklären könnte.

»Mama«, sage ich ziemlich leise, »jetzt lass die zwei doch ihre Arbeit machen. Und du musst doch auch nicht alles wissen, oder?« Entschuldigend lächele ich den Barista an.

»Wieso denn nicht? Ich darf doch fragen. Was ist denn schlimm daran, dass ich wissen will, ob die beiden Brüder ...«

»Okay, Mama, natürlich darfst du fragen, aber der andere ist blond und blauäugig. Sieht doch eher nicht so aus, als wären sie verwandt, oder?«

»Doch, ich finde schon.« Sie lächelt Omar an. »So vertraut, wie die beiden miteinander umgehen? Ist doch schön, wenn sich Brüder so gut verstehen und dann auch noch die gleichen Interessen haben, nicht wahr? Einen besseren Partner kann man sich doch für so ein Café gar nicht wünschen!«

Nachtrag:

Omar hat gelacht. Und wie. Ich bin mir allerdings nicht sicher, ob über meine Mutter oder über mich und meinen kläglichen

Versuch, diese Konversation zu retten (oder besser noch: zu beenden). Jedenfalls hat er uns beiden einen Prosecco spendiert und mir versichert, dass alles gut sei und er schließlich selbst auch eine Mutter habe. Mein Flat White und der Kaffee waren jeweils spitze. Und als Omar meiner Mutter beim Aufbruch sogar in den Mantel half, war es sowieso um sie geschehen. »So ein netter Mann«, sagte sie (wie immer lauter als unbedingt nötig, zumal er direkt hinter ihr stand), »und so gut aussehend. Ich weiß nicht, wie es dir geht, aber ich finde, manchen Männern stehen diese Bärte einfach. Wenn ich könnte, würde ich mir glatt auch einen wachsen lassen.«

Tattoos

Mit Anfang zwanzig wollte ich unbedingt ein Tattoo. Nicht, weil damals schon jeder eins hatte oder weil es gerade der Trend war, sondern weil ich in meinem Grafikstudium selbst eins entworfen hatte, das ich gerne behalten wollte. Am liebsten auf meiner Haut. Eine kleine Sonne, die meine Hüfte zieren sollte. Allerdings: Damals in den Neunzigern waren Tattoostudios zumindest in meiner Heimatstadt und vermutlich auch noch an anderen Orten Deutschlands äußerst verwerfliche Hinterhofbuden, in denen sich vor allem schwere Rocker herumtrieben und junge Mädchen eher nichts zu suchen hatten.

Tattoos waren definitiv nicht gesellschaftsfähig.

Warum ich trotzdem eines wollte? Sagen wir so: Ich hatte bestimmt meine Gründe, obwohl ich mich an keinen mehr so richtig erinnern kann. Vermutlich war es vor allem die leicht verruchte Atmosphäre der oben erwähnten Studios, die die rebellische Lucinde in mir herauslockte. Ich bat meine Mutter um Erlaubnis, woran man erkennen kann, *wie* rebellisch ich wirklich war.

Meine bis dato in meinen Augen sehr lässige Mutter war überhaupt nicht dafür und schmälerte damit akut ihren eigenen Coolnessfaktor um gefühlte tausend Prozent. Ob das denn sein müsse, wollte sie wissen. Ich könnte die Konsequenzen ja gar nicht abschätzen, sagte sie, und ich würde so bestimmt weder einen Mann noch einen Beruf finden. Und überhaupt: Ich sei doch viel zu jung für so was! Ja, meine Mutter war schockiert. Und ich erst.

Damals wie heute finde ich zwar, dass jeder selbst wissen muss, was er tut, und dass Schönheit im Auge des Betrachters liegt.

97

Meinem zwanzigjährigen Ich von damals würde ich trotzdem gerne sagen, dass meine Mutter durchaus recht hatte, das mit dem Tattoo infrage zu stellen, schon allein, weil im Jahre 2018 laut einer Studie der Uni Leipzig schon beinahe jeder Fünfte eine Tätowierung hatte, manche sogar flächendeckend. Tendenz steigend. Rebellisch und besonders sind Tattoos schon lange nicht mehr. Im Gegenteil. Mittlerweile fällt man ohne beinahe mehr auf. Dazu all die Piercings und Tunnels ... Die kleine Sonne, die ich mir damals auf meine Hüfte tätowieren lassen wollte, würde heute noch nicht einmal jemand bemerken. Ich hätte mir das selbst niemals geglaubt. Ein großer Teil Deutschlands tätowiert? Lächerlich.

Ich ließ das mit dem Tattoo also damals vorerst sein. Meine Mutter hat zwar nicht mehr ganz den gleichen Einfluss auf meine Entscheidungen wie mit zwanzig, dafür habe ich ja jetzt einen Sohn. Und der findet mich tendenziell auch eher zu alt für Dinge. Die Liste ist lang. Ich bin in seinen Augen zu alt, um im Auto bei aktuellen Liedern laut mitzusingen, zu tanzen, wenn mich jemand sieht, Witze vor seinen Freunden zu machen, Worte wie »nice« im Zusammenhang mit etwas zu benutzen, das mir gefällt, oder überhaupt irgendwie in Erscheinung zu treten, wenn es peinlich für ihn werden könnte – und die Gefahr besteht immer. Schließlich bin ich seine Mutter.

Seine Oma, genau die, die mir anno 1990 das Tattoo untersagt hat, würde sich niemals das Tanzen oder Singen im Auto, an öffentlichen Plätzen oder bei Schulveranstaltungen untersagen lassen. Sie ist nämlich doch die coole Person, für die ich sie schon immer gehalten habe.

Neulich war ich mit ihr mal wieder in der Sauna, nur sie und ich und ungefähr achtzig andere, meist tätowierte Menschen, über deren teilweise eher fragwürdigen Köperschmuck man sich herrlich stundenlang unterhalten konnte.

»Mama«, sagte ich einigermaßen zerknirscht, obwohl mir das alles andere als leicht fiel. »Du hattest echt recht mit diesem Tattoo damals.«

»Wie meinst du das?«

»Na ja, ich finde es eben mittlerweile auch schöner, wenn ein Körper nicht tätowiert ist.«

»Ach, aber es kann schon auch ganz hübsch aussehen, oder?«

Um es kurz zu machen: Bevor wir wirklich in die Tiefe gehen konnten, erklärte mir meine 78-jährige Mutter, während sie versonnen auf all die tätowierten Schönen und weniger Schönen schaute, dass sie nun endlich alt genug dafür sei, alles zu machen, was sie möchte.

»Oder jung genug. Je nachdem, wie man es sieht, Lucinde. So oder so: Ich glaube, ich bin jetzt jedenfalls exakt im richtigen Alter.«

»Wofür denn?« Ich verstand nicht, worauf sie hinauswollte.

»Na, für ein eigenes Tattoo natürlich!«

Nachtrag:
Übrigens, in der Leipziger Studie habe ich nichts über die Altersgruppe Ü70 entdeckt. Schade eigentlich. Scheint ein gutes Jahrzehnt für Entscheidungen zu sein. Denn das Tattoo, das seit Kurzem den Unterarm meiner Mutter ziert, ist wirklich hübsch. Klein. Einzigartig. Na ja, ziemlich einzigartig wenigstens. Denn meine Töchter und ich haben es uns ebenfalls stechen lassen.

Meine Mutter und die Queen

Ich gehe sehr gern ins Kino. Meine Mutter auch. Bei ihr in der Nähe, nur ein paar Straßenbahnhaltestellen von ihrer Wohnung entfernt, gibt es eines, in dem die Filme immer ein bisschen später gezeigt werden und oft auch welche, die es nicht zum Blockbuster gebracht haben. Das Tollste an diesem Kino ist aber definitiv die Bar, die hinten eingebaut ist – mit kleinen Tischchen mit Lampen und Klingelknopf, denn da kann man auch während der Vorstellung Getränke bestellen. Ist das nicht großartig?

So etwas haben wir in Böblingen leider nicht, aber dafür können wir zu unserem Kino zu Fuß gehen. Manchmal, wenn ich dort für die ganze Familie Karten reserviere, frage ich meine Mutter, ob sie mitkommen will. Ich oute mich hiermit als Queen-Fan. Ich finde, es gibt kaum Lieder, die man im Auto besser mitsingen kann als *Bohemian Rhapsody* oder *Fat Bottom Girls* oder ... jedenfalls Queen. Der neue Film über Freddy Mercury ist also Pflicht. Und die ganze Familie geht mit.

»Mama, wir gehen morgen Abend in *Bohemian Rhapsody*. Magst du mitkommen?« Normalerweise ist meine Mutter immer auf dem aktuellen Stand, was das Kinoprogramm angeht, denn sie liest die Tageszeitung.

»Was ist das?«

»Ein Film über Queen.«

»Über die Queen? Ein ganzer Film? Den hab ich neulich schon gesehen, mit Helen Mirren und ...«

»Nein, Mama, es geht um Freddy Mercury, den Sänger. Nicht um die Königin.«

»Ach so, *dieser* Film. Über diese merkwürdige Kapelle und den Typen mit den Zähnen?«

»Die meisten Typen haben Zähne, Mama. Aber ja, vermutlich der.«

»O nee, da geh ich auf keinen Fall mit. Der gefällt mir ja gar nicht. So als Mann.«

»Er muss dir ja auch nicht gefallen. Ich glaube, er stand auch nicht unbedingt auf alte Frauen.«

»Wie: alte Frauen? Sag nicht alt!«

»Nicht alt!«

»Och, Lucinde.«

»Na gut: Du bist nicht alt. Jetzt besser?«

»Viel besser.«

»Außerdem ist er tot.«

»Wer?«

»Na, Freddy Mercury.«

»Ach so. Tja. Die Queen lebt aber doch noch, oder?«

»Äh ...«

»Egal. Ich kann jedenfalls nicht. Ich habe heute Morgen beim Sender zwei Karten gewonnen. Da konnte man anrufen und Fragen über die Queen beantworten. Also die richtige.«

»Karten für?«

»Na diesen Film!«

»Ich dachte, du magst Freddy Mercury nicht.«

»Ja, aber gewinnen. Gewinnen mag ich sehr.«

Nachtrag:

Wir schauten also beide den gleichen Film, allerdings jeweils in einem anderen Kino. Sie in ihrem und ich in meinem. Da unsere jeweiligen Vorstellungen zeitgleich liefen, waren sie auch zum gleichen Zeitpunkt zu Ende.

Kaum hatte ich mein Handy aus dem Flugmodus erweckt, rief mich meine Mutter an.

»Was für ein charismatischer Mensch, dieser Freddy Mercury. Was für ein Verlust! Stell dir mal vor, was der noch für Musik geschrieben hätte! Opern! Unglaublich! Ich fand es großartig. Und du? Und die Musik! Wahnsinn. Wir haben sogar getanzt!«

»Im Kino?«

»Ja, wo denn sonst?«, fragte sie erstaunt und ergänzte voller Stolz: »Ich hab angefangen!«

Es hätte mich auch gewundert, wenn nicht.

Reflexe

Es ist ja eine eigenartige Sache mit Müttern und Töchtern. Irgendwann kommt immer der Moment, in dem Töchter ihre Mütter peinlich finden. Das gehört dazu, ist vermutlich gesund und nennt sich Pubertät. Nachdem ich drei Töchter in dieser wertvollen und wichtigen Lebensphase erleben durfte, bin ich einigermaßen davon überzeugt, dass die Natur das so eingerichtet hat, damit man die lieben nicht mehr ganz so Kleinen dann, wenn es so weit ist, einigermaßen gut in die Fremde und oder die Arme eines Mannes ziehen lassen kann, ohne völlig panisch und mit komplett gebrochenem Mutterherzen zurückzubleiben. Würden sie immer anschmiegsam, süß und hilflos bleiben, wäre das etwas ganz anderes. Aber das sind sie ja nicht. Irgendwann kommt der Tag, an dem sie alles infrage stellen, was die eigene Mutter sagt oder auch nicht sagt. Wer sie ist und was sie ausmacht. Als Person. Mich macht beispielsweise eine gewisse Emotionalität aus, das habe ich von meinem Vater. Freundlich ausgedrückt, verfügen wir über eine unglaubliche Fülle an Mitgefühl. Nicht so freundlich (und in den Worten meiner Töchter) ausgedrückt, bin ich eine Heulsuse. Das ist nichts, wofür man sich schämen muss. Theoretisch. Praktisch aber weigern sich meine Kinder, mit mir ins Kino zu gehen, weil »ich ja schon bei der Werbung anfange zu heulen«. Na und? Das ist ein Reflex. Ich bin halt so und kann nicht anders. Wenigstens versteht mich mein Mann in dieser Beziehung und nimmt immer ausreichend Taschentücher mit. Denn vergesslich bin ich leider auch. Das wiederum habe ich wahrscheinlich von meiner Mutter, oder mein Kopf ist einfach überlastet, von all den Dingen, die täglich darin herumschwirren. Soweit zum Schwirren überhaupt Platz ist. Definitiv von meiner Mutter habe ich aber diesen anderen und viel anstrengenderen Reflex.

Wir beide teilen das Bedürfnis, sofort auch nur für den Hauch eines angedeuteten Problems eine Lösung suchen.

Wir sind sehr hilfsbereit, pragmatisch und gewillt, diverse Anstrengungen zu unternehmen, um Schwierigkeiten aus dem Weg zu räumen, ob es nun unsere eigenen sind oder fremde. Auch das ist eher freundlich ausgedrückt. Nicht ganz so freundlich ausgedrückt, müsste es wohl heißen, dass wir uns um Dinge kümmern, die uns gar nichts angehen. Natürlich haben wir auf diese Weise auch schon viele Probleme gelöst, auch von Menschen, die wir nur sehr vage kannten und die uns dann dankbar waren (reden wir uns jedenfalls gerne ein).

Aber nicht nur. Wenn meine Kinder mich kritisieren, sagen sie immer, ich könnte mich nicht raushalten. Stimmt. Im Raushalten bin ich richtig schlecht. Ja, ich kümmere mich und ich mische mich ein. Und ganz ehrlich: Ich bin mir sicher, dass in der Mütter-Job-Beschreibung »Kümmern und Einmischen« als Grundvoraussetzung für eine erfolgversprechende Bewerbung immer ganz oben auf der Liste steht. Nein, Mütter müssen sich nicht raushalten. Basta. Trotzdem verstehe ich meine Kinder. Auch ich habe mich in Grund und Boden geschämt, wenn meine Mutter sich den Kopf zerbrochen hat, wie sie die Ehe von Olaf und Elise retten könnte, und beinahe losgefahren wäre, um Helga aus dem Urlaub an der Ostsee abzuholen, weil die dort so unglücklich war; wenn sie Ausbildungs- oder Praktikumsplätze für junge Menschen besorgt hat, die es schon als Zumutung empfanden, überhaupt ihr

Bett zu verlassen, und wenn sie Menschen auf der Straße angesprochen hat, um ihnen beispielsweise den Weg zu erklären.

»Der hat dich doch gar nicht um Hilfe gebeten!«, habe ich nicht nur einmal konsterniert gesagt, als sie mal wieder einen Wildfremden angesprochen hatte.

»Aber ich habe doch gesehen, dass er was gesucht hat!«

»Woran denn?«

»Er hat so … suchend geschaut! Und er hatte einen Zettel in der Hand!«, rechtfertigt sie sich.

»Mama, das war ja auch ein Verkehrspolizist, der Strafzettel verteilt hat!«

»Na und? Kann ich ja nicht wissen! Stell dir vor, du bist in einer fremden Stadt und …«

»Verkehrspolizisten verteilen selten Strafzettel in fremden Städten.«

»Und woher willst du das jetzt so genau wissen?«

Schon klar. Als Teenie bin ich bei solchen Gesprächen, die übrigens sehr gern in unmittelbarer Nähe der jeweiligen Person stattfanden, fast gestorben. Mittlerweile vermute ich, dass ihr Freundeskreis maßgeblich aus Menschen besteht, die sie auf diese Weise kennengelernt hat. Denn was auch immer sie mit ihren Aktionen bezweckt hat, eines ist immer sehr zuverlässig geschehen: Sie kam mit Menschen ins Gespräch. Mit allen. Und egal, ob es der Verkehrspolizist war oder das Praktikumsopfer – jeder erinnert sich an sie und daran, wie lustig es war, als sie versucht hat … nun ja. So ist meine Mutter. Und ich habe mir geschworen, nie so zu werden wie sie. NIEMALS.

Ich wollte weder so sein, noch diese Schmach meinen Kindern antun. Aber was soll ich sagen? Vermutlich lehnen wir genau die Eigenschaften besonders vehement ab, von denen wir insgeheim wissen, dass wir sie ebenfalls in uns tragen. Eine weitere Evolutionstheorie aus dem Hause Hutzenlaub, absolut nicht wissenschaftlich belegt und leider dennoch wahr. Und was sagt meine Mutter? Na, dasselbe, was ich sagen würde (und vermutlich werde): »Ich kann gar nichts dafür! Ich bin halt so. Das ist ein Reflex!« Und gegen Reflexe ist man ja wohl mehr als machtlos.

Gedankenübertragung

Eine von uns beiden hat immer Programm. Manchmal sind wir sogar beide unterwegs. Aber trotzdem ist mir aufgefallen, dass wir immer irgendwie verbunden sind. An manchen Tagen spürt man das vielleicht nicht so sehr – und an anderen dafür umso ausgeprägter. Letzte Woche zum Beispiel, als sie im Schwarzwald war und ich beruflich in Ulm zu tun hatte. Abends hatte ich nicht wirklich Lust, mich alleine in ein Restaurant zu setzen und zu essen. Als ich mit meiner Mutter telefonierte, war sie ganz besorgt, weil ich erwähnt hatte, dass ich aufs Essen verzichten wollte.

»Du musst doch was essen, Lucinde!«

»Aber ich habe keinen Hunger, Mama!«

Vor vierzig Jahren hätte ich vermutlich geschmollt und womöglich mit dem Fuß aufgestampft. Irgendwie ändert sich an manchen Gesprächsmustern nichts, auch wenn man sie nicht mehr im Tonfall einer Fünfjährigen führt.

»Du hast doch auch sicher nicht genug getrunken, oder?«

»Doch, hab ich.« Hab ich natürlich nicht, und ich fühle mich auch sofort ertappt, weshalb ich es selbstverständlich erst recht unangenehm finde.

»Aber nur Kaffee, oder?«

»Gar nicht wahr!« Auch Prosecco, aber pssst!

»Und Alkohol bestimmt.« Verd..., warum können Mütter so was? Also, dass ich selbst meine Kinder durchschauen kann, finde ich natürlich nicht nur unproblematisch, sondern geradezu notwendig, denn immerhin sind sie ja noch beinahe klein, und ich muss aufpassen, dass sie auch gut auf sich selbst aufpa...

»Manchmal habe ich wirklich das Gefühl, dass du immer noch nicht alt genug bist, um auf dich selbst aufzupassen!«

Wir sind uns schrecklich ähnlich. Genau dasselbe Gespräch könnte ich mit meinen Töchtern führen. Nur anders herum.

»Mama!«

»Was denn?«

»Ich kann sehr wohl auf mich selbst aufpassen!«

»Ach ja? Dann geh irgendwo etwas Gesundes essen und trinken, und dann bin ich beruhigt.«

»Na gut!«

Ich kann ja wenigstens so tun als ob, und dann einfach vor dem Fernseher eine Tüte Chips …

»Und schick mir ein Foto, damit ich weiß, dass du nicht wieder eine Tüte Chips vor dem Fernseher in dich reinstopfst, ja?«

Hat sie mein Gehirn angezapft? Gibt es *Wetten, dass …?* noch? Kann man mit dieser Fähigkeit irgendetwas Nützliches anstellen? Ich meine, irgendwas, das nichts mit mir zu tun hat?

»Okay, Mama. Du hast gewonnen.«

Mir hatte jemand von diesem Lokal vorgeschwärmt, das auch noch direkt neben meinem Hotel lag. Ich beschloss also, mir die Karte anzusehen, und wenn sie mir gefiel, hineinzugehen. Und wenn ich einen netten Platz irgendwo in einer Nische bekommen würde, auch zu bleiben.

Und so geschah es. Ich saß in einem windschiefen Restaurant mehr oder weniger direkt an der Blau, einem Fluss, der bei Ulm direkt in die Donau mündet. Die Decken sind so niedrig, dass ich kaum aufrecht stehen kann, und ich bekomme einen winzigen Tisch in einer gemütlichen Ecke, der liebevoll mit frischen Blumen gedeckt ist. Beim Anblick der Karte und den Tellern der schon speisenden Gäste läuft mir das Wasser im Mund zusammen. Es war mir gar nicht bewusst, wie hungrig ich gewesen bin.

Ich nehme ein Mineralwasser, und, weil es einfach so gut passt, 1/8 Liter Grauburgunder, der im Glas beinahe leuchtet. Dazu die gebratene Forelle »Ulmer Art« mit Salat, Petersilienkartoffeln und Mandelbutter.

Sie duftet unglaublich. Die gebräunten Mandeln schimmern in der Butter, und die goldgelben Petersilienkartoffeln sehen fest und geschmackvoll aus. Gerade, als ich meiner Mutter ein Foto davon schicken will, erreicht mich eines von ihr. Vielmehr von ihrem Teller.

Sie isst genau dasselbe wie ich. Und auch sie hat ein kleines Glas Weißwein neben ihrem Teller stehen.

»Auf dich!«, steht unter dem Bild.

»Nein auf dich!«, schreibe ich zurück.

Und dann schreiben wir gleichzeitig »auf uns!«.

Nachtrag:

Ja, wir sind uns wirklich sehr ähnlich. Aber so schrecklich ist es vielleicht doch nicht. Die Forelle war jedenfalls sehr lecker – sowohl ihre als auch meine. Und dass ich noch mal losgezogen bin, war bestimmt kein Fehler. Ich habe auch richtig gut geschlafen. Nachdem ich zu Hause bei meinen Kindern angerufen habe, um mich zu versichern, dass sie auch wirklich anständig zu Abend gegessen haben und nicht nur mit Chips auf der Couch ...

Was ich an meiner Mutter ganz besonders toll finde:

- Sie hat Humor
- Sie ist ehrlich
- Sie ist zuverlässig
- Sie ist großzügig
- Sie ist witzig
- Sie ist offen
- Sie ist freundlich
- Sie ist geduldig
- Sie setzt sich für andere ein
- Sie ist unglaublich hilfsbereit
- Sie macht sich Gedanken
- Sie ist unternehmungslustig
- Sie ist spontan
- Sie ist aktiv
- Sie ist überhaupt nicht eitel
- Sie ist redet mit jedem
- Sie ist offen
- Sie ist neugierig
- Sie ist fair
- Sie ist nicht nachtragend
- Sie hat ein gutes Herz und glaubt grundsätzlich an das Gute in jedem

Was ich an meiner Mutter nicht so toll finde:

Hallo? Natürlich würde ich hier jetzt alle Fehler meiner Mutter auflisten – wenn sie welche hätte. Ich könnte natürlich behaupten, dass sie nicht so wahnsinnig gut mit Kritik umgehen kann. Aber dann würde sie garantiert und völlig zurecht Folgendes sagen:

»Aber Lucinde! Das stimmt doch überhaupt gar nicht. Ich kann das sogar ausgesprochen gut! Ich bin ja wohl der kritikfähigste Mensch überhaupt!«

Natüüüürlich ist sie das. Ich glaube, ich habe diesen Punkt auf der »Was ich an meiner Mutter toll finde«-Liste nur aus Versehen total vergessen!

Oder … nein. Doch nicht.

Notwendig ist nur das Überflüssige: Was man so braucht, Teil 1

Brot und Liebe

Meine Mutter war also Leistungssportlerin. Ja, auch die bekommen Kinder. Sie eben mich. Und weil sie mit meinem Vater zur optimalen Aufzucht ihrer Tochter aufs Land gezogen war, wo sie bis dato nicht wirklich jemanden kannte, fragte sie eben ihren betreuenden Kader-Arzt nach der idealen Ernährung eines Säuglings.

Natürlich wissen wir alle, dass Muttermilch nicht getoppt werden kann, aber irgendwann kommen viele Mütter an ihre Grenzen, und dann müssen eben Alternativen gesucht werden. So auch bei mir.

Der Arzt ihres Vertrauens kannte sich mit der bestmöglichen Versorgung von Sportlern offensichtlich sehr gut aus, und meine Mutter war wohl sehr zufrieden mit ihm, denn nur so lässt es sich erklären, warum sie seinen Ernährungsvorschlägen folgte.

Ein Tusch, bitte schön, für das wohl erstaunlichste Ernährungskonzept für einen Säugling: Ich bekam nämlich ab meinem zweiten Lebensmonat pürierte Kalbsschnitzel und rohes Ei. Jawohl. Ob ich noch zusätzlich so profanes Zeug wie geriebenen Apfel, zerdrückte Banane oder gar Brei- und Milchfläschchen bekommen habe, ist nicht kolportiert, lässt sich nach einem Anruf bei meiner Mutter aber herausfinden:

Banane, Apfel und Breifläschchen: Check! Alles da gewesen.

Aber in erster Linie folgte meine Mutter dennoch dem Rat ihres Arztes. Heute würde man natürlich vor allem bei den Eiern vorsichtig sein – Salmonellen und so –, aber die gab es in den Siebzigern vermutlich genauso wenig im Bewusstsein der

Menschen wie Anschnallgurte auf den Auto-Rücksitzen. Kinder haben im Matsch gespielt und Menschen sind ohne Sturzhelm Fahrrad gefahren, meine Mutter hat es gut gemeint, und schauen Sie mich doch an: Es scheint mir nicht geschadet zu haben.

Meine Gesundheit lag meiner Mutter von Anfang an sehr am Herzen, und der nutritive Gehalt jeder Mahlzeit war ihr durchaus ein Anliegen.

Ich bin auf dem schwäbischen Land aufgewachsen. Dort zählen Maultaschen mit Kartoffelsalat und Braten mit Spätzle zu den Grundnahrungsmitteln und ein Kind ohne Brezeln aufzuziehen gilt als nahezu unmöglich. Die allgemeine verbreitete Ernährung war ziemlich kohlehydrat- und fleischlastig.

Bei uns dagegen gab es natürlich sehr viel Gemüse, Salat, Obst und überhaupt alles, was sich in der Kategorie »Gesundes« finden ließ. All die tollen Dinge, die mich von Werbeplakaten und aus Zeitungsanzeigen anlachten wie Softdrinks, H-Milch, Toastbrot oder Ravioli aus der Dose waren für meine Mutter quasi nicht existent. Allein bei Schokolade war meine Mutter großzügig, vermutlich, weil mir dank einer gewissen genetischen Disposition meines Vaters schon eine schwer zu unterdrückende Vorliebe für die hellblaue Rittersport in die Wiege gelegt worden war.

Als alle anderen also Fertigfisch »à la Bordelaise« mit Tütenreis aus dem Wasserbad aßen, gab es bei uns selbst gemachtes Kartoffelpüree mit Tomatensauce. Oder Glasnudeln mit Karotten und Tofu. So lange, bis ich es wirklich nicht mehr sehen konnte. Dabei wusste ich ja, dass dies aus einem Akt der mütterlichen Liebe heraus geschah und konnte dementsprechend meiner Mutter nicht gestehen, dass sich mein Magen nach Fastfood aus Aluschälchen sehnte, oder am besten gleich nach etwas, das man in der Mikrowelle warm machen konnte. Eine Mikrowelle hatten wir natürlich nicht, aber das hinderte mich nicht daran, mir sehnlichst eine zu wünschen.

Genauso sehnte ich mich nach Toastbrot. Weißes, weiches, quadratisches und jahrelang haltbares Brot. Das Selbstgebackene aus dem Backhaus meiner Mutter, das diese harte Kruste hatte und mehr als genug Röstaromen? Liebend gern hätte ich es eingetauscht. Aber ein selbst gebackenes Vollkorn-Pausenbrot mit Kräuteraufstrich und Kresse aus dem eigenen Garten? Uncooler ging es ja wohl kaum. Wer dann auch noch Lucinde hieß, dank der pürierten Kalbschnitzel beinahe zwei Meter groß war, Brille und Zahnspange trug, hatte echt schlechte Karten. Aber was sollte ich machen?

Als ich dann später auf eine weiterführende Schule in der Stadt ging, freundete ich mich mit Caro an. Caro war superlustig, total sportlich und hübsch, zierlich und klein. Sie hatte nie überhaupt irgendetwas zu essen dabei, dafür immer Geld, um sich Zitronentee und Mohrenkopfdatschi beim Hausmeister zu kaufen. Ich muss wohl kaum dazu sagen, dass sie sehr beliebt war, ganz im Gegensatz zu mir, was den Reiz dieser Freundschaft enorm erhöhte. Für mich jedenfalls. Dass sie sich meiner erbarmte, fand ich großartig. Caros Mutter war alleinerziehend und nie zu Hause, weshalb ich sie auch während unserer Freundschaft nicht ein einziges Mal zu Gesicht bekam und Caro sich selbst um ihre Mahlzeiten kümmern musste.

Eines schönen Tages begleitete ich sie nach der Schule nach Hause. Wir kochten Miracoli, und ich war fasziniert davon, dass man alle Zutaten in kleinen Tütchen bekam und nur noch

Wasser brauchte, um aus diesem kleinen Haufen roter Pampe einen ganzen Topf Tomatensauce zu bekommen. Einzig der Parmesan überzeugte mich nicht. Er roch wie ... jedenfalls nichts Gutes. Wir tranken dazu einen Kakao auf H-Milch-Basis. Ich fühlte mich großartig. Und schuldig, als hätte ich meine Mutter verraten.

Als Caro ein paar Tage später bei uns zu Gast war, gab es das obligatorische Glasnudel-Karotten-Tofu-Gericht. Bevor ich mich schämen konnte, war Caro begeistert. Während meine Mutter kochte, bereitete sie noch zusätzlich zwei Laibe Bauern- und ein Vollkornbrot vor, die sie später im Backhaus mit ihren Freundinnen backen wollte.

Später begleiteten wir sie dorthin und aßen Rahmkuchen direkt vom Blech, den eine der anderen Frauen gebacken hatte, während wir auf die Laibe warteten.

Caro aß mindestens einen halben Kuchen alleine. Ihre Augen glänzten bei jedem Bissen. Ich muss sicher nicht extra erwähnen, dass seit diesem Tag die Freundschaft zwischen mir und Caro noch intensiver wurde. Und ich mich immer wieder fragte, ob es an mir lag oder an dem selbst gebackenen Brot meiner Mutter.

Noch heute habe ich ab und zu das Glück, ein Laib Brot auf irgendeinem Bauernmarkt zu entdecken, das ganz ähnlich schmeckt. Ich nehme am liebsten das, bei dem ein Stück Kruste verbrannt ist, weil es mich so sehr an das Brot meiner Mutter erinnert. Und ja, es schmeckt auch immer ganz ähnlich. Ganz gleich kann es nicht schmecken, schließlich fehlt eine ganz wesentliche Zutat: Die Liebe, mit der sie es für uns gebacken hat.

Übrigens: Was wird es wohl geben, wenn meine Kinder bei meiner Mutter sind und sich etwas wünschen dürfen? Erraten. Glasnudeln mit Karotten und Tofu. Echt jetzt. Die sind doch alle verrückt!

Mütterliches Vollkornbrot

Zutaten

- 20 g frische Hefe
- 150 g Kerne und Samen (z. B. Leinsamen, Sonnenblumen- oder Kürbiskerne)
- 100 g Vollkornflocken
- 1 TL Salz
- 500 g Vollkornmehl (z. B. Dinkel)
- 250 g helles Mehl (Dinkel, Weizen, ...)

- und viel Liebe

Zubereitung

Die Hefe mit 700 ml lauwarmem Wasser verrühren, Kerne und Flocken untermischen, Mehl und Salz hinzufügen.

Gut mit den Händen oder der Küchenmaschine verkneten und an einem warmen Ort gehen lassen, bis der Teig sich verdoppelt hat. Noch einmal kneten. Eine runde Form (oder eine große und eine kleine Kastenform) mit Backpapier auslegen oder mit Butter einfetten und mit Mehl bestäuben.

Den Teig hineinfüllen. Noch einmal kurz gehen lassen. Wenn man mag, kann man noch ein paar Kerne und Samen obendrauf streuen. Den Ofen auf 230 Grad vorheizen, circa 45 Minuten backen. Das Brot herausnehmen, kurz abkühlen lassen und aus der Form stürzen.

Am leckersten ist das Brot mit salziger Butter oder – da hat meine Mutter schon recht – mit Kräuterfrischkäse und selbst gezogener Kresse. Da schmeckt man die Liebe besonders gut.

Französische Küche und hart gekochte Eier

Dass meine Mutter so lala kochen kann, ist wirklich kein Geheimnis. Dass sie es mit dem Backen (außer von Brot) so gar nicht hat, auch nicht. Ich würde ja behaupten, dass ein Kuchen jedem gelingen kann, der das Alphabet beherrscht und in der Lage ist, ein Rezept zu lesen, aber das lässt sie nicht gelten. Sie kann es nicht. Und damit basta. Süßes lehnt meine Mutter ab. Sie mag es einfach nicht. Deshalb kann ich mich auch beim besten Willen nicht daran erinnern, dass sie je freiwillig einen Kuchen für irgendetwas oder irgendjemanden gebacken hätte. Bei Geburtstagen oder sonstigen Festivitäten gab es bei uns Butterbrezeln (immerhin selbst mit Butter bestrichen), Salzstangen, Käsewürfel, Pistazien und – zur Not und wenn der Besuch es verdient hatte – Crudités.

Nein, dies ist kein Koch- oder Backbuch und meine Mutter ist kein französischer Haubenkoch. Dabei hat sie durchaus einen Hang zur französischen Kulinarik. Zumindest der kalten. Oder vielmehr der französischen Bezeichnung für ... nun ... für kleingeschnittenes Gemüse – das Französischste, was meine Mutter jemals zubereitet hat. Délicieux.

Selbige Crudités werden mit einem geheimnisvollen Dip serviert, der maßgeblich aus Kräuterfrischkäse besteht. Also eigentlich ausschließlich. Manchmal, wenn meine Mutter die kulinarische Muse küsst, wird auch noch Schnittlauch drübergestreut. Voilà: Fertig gekocht.

Ich finde, damit hat sie vielleicht doch eine von diesen Hauben verdient, um die Sterneköche so buhlen. Zur Not geht auch eine Strickmütze.

Ich kann zwar nicht wirklich Französisch, aber dafür sehr gut Kuchen backen. *Ich* habe es übrigens von meiner Großmutter gelernt. Der Mutter meiner Mutter. Sie hat es mir liebevoll gezeigt und gründlich erklärt und zwar ganz ohne Kochbuch. Um das auch zu lernen, hätte meine Mutter noch nicht einmal lesen können müssen. Nur wollen. Wollen wäre wichtig gewesen.

Wenn ich zu meiner Großmutter kam, gab es meist Zwetschgenkuchen. Wenn meine Mutter sie besuchte, bekam sie ein hart gekochtes Ei. Jedem das seine, sag ich nur. Ich kann jetzt gut Zwetschgenstreusel und meine Mutter ... Gut, Eier hart zu kochen ist schließlich auch eine Kunst.

Natürlich sind auch Menschen, die keinen Kuchen backen können, liebenswert, großartig, toll, und meine Mutter sowieso, es sagt auch überhaupt nichts über sie aus, aber gerade an Geburtstagen ist es doch einfach nett, man hat etwas, worauf man die Kerzen stecken kann, oder nicht? Zum Beispiel Tante Elsie morgen an ihrem 79. Geburtstag?

»Also, wenn der Kuchen nur dazu dient, Kerzen zu tragen, dann kann ich erst recht drauf verzichten. Meiner müsste ja dann mindestens einen Quadratmeter groß sein!« Meine Mutter schaut mich vorwurfsvoll an, als wäre ihr Geburtsjahr meine Schuld. »Und wer will das alles essen?«

»Keine Ahnung? Dein Besuch, Nachbarn, die Kinder, Holger, ich? Und außerdem: Wenn nicht alle Kerzen auf einen Kuchen passen, backt man halt zwei? Im Übrigen kann man auf hart gekochten Eiern auch nicht gerade viele Kerzen unterbringen.«

Meine Mutter sagt nichts. Ihre Augen glitzern abenteuerlustig.

»Ach nein, kann man nicht?«

Oh oh. Was habe ich da bloß gesagt?

Sie schaut auf die Uhr und schnappt ihre Tasche.

»Der Bauernladen hat noch offen, oder?«

Nachtrag:

Meine Mutter ist übrigens dann doch nicht zum Bauern gefahren. Denn obwohl es natürlich eine grandiose Idee gewesen wäre, für Tante Elsie 79 Eier hart zu kochen, wäre auch das vermutlich Verschwendung gewesen. Verschwendung kann meine Mutter nämlich ungefähr so gut leiden wie Geburtstagskuchen. Und so viele Eier kann noch nicht einmal sie essen, auch wenn ihr sicher der eine oder andere geholfen hätte. Da Tante Elsie aber erstens gerne ihren Geburtstag feiern wollte und zweitens auch eine gewisse Vorliebe für Kuchen hat, landen wir an ihrem Geburtstag dann eben doch in einem Café. In der Vitrine reihen sich üppige Torten, fruchtige Kuchen und Joghurttörtchen aneinander. Das volle Programm.

Mein Mann und William sind begeistert, und auch alle anderen Gäste entschließen sich relativ schnell. Nur meine Mutter und ich stehen wieder einmal unschlüssig davor. Rhabarber- oder Käsekuchen? Schwarzwälder-Kirsch oder doch nur ein Kaffee? Plötzlich stößt sie mich mit dem Ellbogen in die Seite. Ihre Augen beginnen zu leuchten. Sollte sie doch noch ihre Begeisterung für süßes Gebäck entdeckt haben?

Nein. Eher nicht. Denn während ich mich noch bemühe, herauszufinden, welcher Kuchen sie jetzt dann doch überzeugt hat, zeigt meine Mutter auf das Körbchen, das oben auf der Vitrine steht.

»Siehst du«, sagt sie mit einem überlegenen Grinsen zu mir, »sogar die Cafés haben es begriffen.« Und zu der netten und sehr geduldigen Dame hinter der Theke: »Ich nehme ein Ei. Wenn es geht, ein blaues.«

Geheime Rezepte

Ich will meiner Mutter nicht unrecht tun. Immerhin hat sie ja, wie schon erwähnt, früher wirklich sehr leckeres Brot gebacken. Und wie ich ebenfalls hoffentlich deutlich gemacht habe, mochte ich die Röstaromen, die mit diesen Broten durch unser Haus zogen, wenn die Laibe endlich ihren Weg in unsere Brotschublade gefunden hatten, auch sehr. Und – jetzt kommt's – sie hat doch schon mal einen Kuchen gebacken. Zweimal, um genau zu sein. Sie behauptet natürlich, das sei viel öfter der Fall gewesen, aber ... nein. Es fühlte sich nur so viel öfter an, weil wir alle stunden-, tage-, wochen-, ja monatelang von diesem Kuchen gesprochen haben. Vor allem mein Vater, der es vermutlich absolut nicht fassen konnte. Aber auch meine Mutter selbst, die die Einzigartigkeit dieses Ereignisses noch dadurch verstärkte, indem sie behauptete, dieser Kuchen sei ein absolutes Geheimrezept, das sie niemals irgendjemandem verraten würde. Wenn man so etwas oft genug betont, will es dann doch schließlich jeder wissen. Meine Mutter hat eben schon damals das Marketingkonzept verstanden, bei dem Bedürfnisse erst kreiert werden müssen. Jedenfalls: ALLE Menschen, die je von diesem Kuchen probieren durften, wollten plötzlich das Rezept. Damals gab es noch keine Internetplattformen, in denen Hobbyköche ihre Gourmetgeheimrezepte freiwillig und voller Stolz mit der Öffentlichkeit teilten, nein, damals mussten die Rezepte noch mit der Hand auf Zettel geschrieben werden. Darauf hatte meine Mutter schlicht und ergreifend noch weniger Lust als auf Backen. Der Kuchen war (und ist) wirklich lecker, und es gibt überhaupt keinen Grund, warum sich nicht andere Menschen an ihm erfreuen sollten, zumal er leicht zu machen ist und immer gelingt. Sorry, Mama.

»Spinnst du, Lucinde? Du kannst doch nicht einfach mein Geheimrezept weiterverraten, das ich gehütet habe wie meinen Augapfel, unter Einsatz meines Le...«

»Warum eigentlich nicht? Ist doch viel besser, wenn sich viele dran freuen können.«

»Ja, das vielleicht schon. Aber ich habe es ja aus einem bestimmten Grund nicht weitergegeben.«

»Aha. Und der wäre?«

»Weil das Rezept so einfach ist, dass es wirklich jeder backen kann, und weil der Kuchen trotzdem so schmeckt, als ob man ihn direkt aus New York eingeflogen hätte.«

»Ja, das ist doch erst recht ein Grund.«

»Ganz genau! Ein Grund dagegen! Wenn jeder weiß, wie einfach der Kuchen ist, dann backt ihn jeder.«

»Na und?«

»Und was mach dann ich?«

»Hart gekochte Eier?«

»Dass ich da noch nicht selbst draufgekommen bin?«, sagte meine Mutter kopfschüttelnd und drückte mir die Zutatenliste in die Hand.

Der geheimste New York Cheesecake aller Zeiten

Für den Boden:
- Ca. 15 Zwiebacke, oder, wer es süßer mag, 200 g Butterkekse
- 125 g geschmolzene Butter

Für den Belag:
- 100 g Zucker
- 1 Ei
- 2 Pk. Frischkäse
- 1 Pk. Vanillezucker
- 1/2 TL Zitronensaft

Für den Guss:
- 1 Becher Sauerrahm
- 3 EL Zucker
- 1 TL Vanillezucker

Zwieback (oder Butterkekse) zerbröseln, mit geschmolzener Butter in die Form drücken.

Frischkäse, Ei, Zucker und Vanillezucker verrühren, bis die Masse cremig ist.

Zitronensaft hinzufügen und die Masse auf den Boden gießen.

Bei 200 Grad 20 Minuten backen. 5 Minuten abkühlen lassen. So lange den Guss zusammenrühren, auf dem Kuchen verteilen und weitere 10 Minuten backen.

Sorry, Mama. Das Rezept musste ich einfach teilen. Wer weiß, wer da draußen noch »nicht backen« kann.

Ömmles Zwetschgen- (Rhabarber-, Aprikosen-, Apfel-) Kuchen

Für den Teig:

- 200 g Mehl
- 80 g Zucker
- 1 Ei
- 1 Prise Salz
- 125 g kalte Butter

Alles zu einem Knetteig verarbeiten. 2/3 als Boden in eine Springform drücken (deren Boden entweder eingefettet oder mit Backpapier ausgelegt ist). Eine Weile in den Kühlschrank stellen.

Einen Esslöffel Semmelbrösel oder geriebene Mandeln auf dem Boden verteilen.

1 kg Zwetschgen (Aprikosen) halbieren, Steine entfernen. Oder:

1 kg Rhabarber schälen, mit ein bisschen Zucker und Vanillezucker vordünsten.

Auf den Bröseln verteilen.

Streusel:

- 90 g Butter
- 100 g Zucker
- 120 g Mehl

Zutaten zu Streuseln verarbeiten und drüberstreuen. Bei 180 Grad circa 45 Minuten backen.

Echt jetzt. Das kann doch jeder, oder?

Und wenn nicht:

Alternative 2:

1 Ei

Wasser

8 Minuten kochen

Von Männern und Bratkartoffeln

Okay, sie kocht nicht so leidenschaftlich wie Paul Bocuse. Aber dafür kann sie mindestens so hingebungsvoll essen. Ein Restaurantbesuch mit meiner Mutter ist eine aufregende Sache. Man weiß nie, was passiert. Man weiß nur ganz sicher, dass einen spätestens nach der Suppe zumindest die komplette Belegschaft, wenn nicht auch noch alle anderen Gäste kennen.

Als wir neulich den 18. Geburtstag meiner Tochter Lilli feiern wollten, hatte Lilli sich gewünscht, irgendwo einen leckeren Rostbraten oder ein Schnitzel zu essen.

Mit dem Goldenen Lamm hatten wir tatsächlich eine Lokalität gefunden, die uns zusagte und die Platz für uns alle bot. Und bei der es Schnitzel mit Pommes gibt, Lillis ultimatives Geburtstagsessen.

Meine Mutter isst nicht gerne Pommes, dafür für ihr Leben gern Bratkartoffeln. Bei guten Bratkartoffeln kann sie für nichts garantieren, sagt sie immer. Ich kann das nur bestätigen.

Wir sind zu elft. Außer meiner Mutter und mir, Holger und den Kindern hatten wir noch unsere Lieblingsfreunde Oliver und Arleen sowie Lillis Freundin Sarah und Paulinas Freund Marci dabei, und im Goldenen Lamm gab es zu unserer Freude eine Nische mit ausreichend Platz für uns alle. Leider müssen alle Gäste daran vorbei, wenn sie zu den Toiletten wollen. Aber egal, Hauptsache wir sitzen zusammen. Und es gibt Bratkartoffeln.

Meine Mutter und ich sind die Ersten.

Zielstrebig steuert sie auf einen kleinen Tisch in einer lauschigen Nische relativ weit vorne zu.

»Hier gefällt es mir«, sagt sie und lässt sich zufrieden nieder.

»Das geht nicht, Mama. Wir haben doch reserviert.« Ich wedele mit dem Kärtchen vom Tisch, auf dem in schnörkeliger Schrift ebendieses steht. Verwundert sieht sie mich an.

»Ja? Dann ist doch alles prima? Setz dich.«

»Das ist nicht unsere Reservierung, sondern die von einer Gruppe mit höchstens vier Leuten, und unser Tisch ist da hinten.« Ich zeige auf die Toiletten. Meine Mutter runzelt die Stirn.

»So ein riesiger Tisch? Das ist doch total ungemütlich und überhaupt: Ist doch egal, wo du reserviert hast, Lucinde. Sei doch mal spontan! Wir rutschen einfach zusammen.« Zufrieden pflückt sie ihren Schal vom Hals und lässt ihre Jacke und dann sich selbst auf die Bank fallen.

»Guten Abend!«, sagt sie, nachdem sie froh geseufzt und sich nach rechts und links umgesehen hat. Am Nachbartisch zu ihrer Rechten sitzt ein älteres Ehepaar, das bis zu unserer Ankunft in einträchtigem Schweigen damit beschäftigt war, einen Salat mit Hühnerbrust (sie) und eine ordentliche Portion Rostbraten mit Röstzwiebeln und Bratkartoffeln (er) zu vertilgen und das ob unserer Diskussion kurz ihr Mahl unterbrochen hatte. Der Mann lächelt freundlich. Die Gattin lächelt auch. Noch.

Meine Mutter lächelt zurück. Dann aber fällt ihr Blick auf den Rostbraten und die Bratkartoffeln.

»Oh. Guten Appetit!« Ich kann sehen, wie ihr das Wasser im Mund zusammenläuft. Ihre Augen glänzen, und sie fährt sich mit der Zunge über die Lippen.

»Danke sehr.« Der Mann strahlt sie begeistert an und nimmt ihr Lächeln persönlich, obwohl zumindest ich weiß, dass es nicht ihm, sondern seinen Bratkartoffeln gilt. »Sie sehen aus, als ob Sie Hunger hätten. Also, ich mag ja Frauen, die gerne essen.«

»Ach ja?« Das war die Gattin, die gleichzeitig in die Hühnerbrust sticht, als ob sie ihr was getan hätte.

Ich stehe immer noch und versuche, den Blick meiner Mutter aufzufangen, um ihr zu signalisieren, dass wir tatsächlich eine eigene Reservierung weiter vorne in einer *großen* Nische mit einem *großen* Tisch haben, weil wir mit einer *großen* Gruppe da sind. Und dass die Gattin nicht wirklich erfreut ist über den Spontan-Flirt ihres Mannes mit meiner Mutter, aber erfolglos.

»Was denn, Lucinde? Das sieht doch lecker aus! Ich glaube, das muss ich nachher auch bestellen. Was ist das denn?«

Ich könnte ihr jetzt sagen, dass es sich dabei um einen Rostbraten mit Bratkartoffeln handelt, aber eigentlich sieht man das auch aus fünfzig Metern Entfernung. Da meine Mutter der Überzeugung ist, dass man mit den Menschen reden muss, tut sie das auch. Gattinnen-Unmut hin oder her.

»Das ist ein Rostbraten!« Enthusiastisch säbelt er ein Stück von seinem Fleisch ab und hält es meiner Mutter hin, während seine Ehefrau säuerlich schnaubt. »Möchten Sie einmal probieren?«

Bevor es zum Äußersten kommt, die Gattin meiner Mutter ihr Messer an den Kopf wirft oder meine Mutter tatsächlich den Rostbraten des Mannes kostet, kann ich sie tatsächlich dazu bewegen, mir an den anderen Tisch zu folgen, auch wenn ich mir dabei anhören muss, wie unflexibel ich doch sei. Ich klaube

Jacke und Schal meiner Mutter von der Bank und mache mich zielstrebig auf den Weg.

»Wenn du Frauen magst, die gerne essen, Friedrich, dann verdirb ihnen nicht mit deinem Gebalze den Appetit!«

»Gebalze? Also, Elsbeth, nur weil mal jemand freundlich zu mir ist, heißt das doch noch lange nicht, dass …«

»Ich bin also nicht freundlich? Ich habe deinen Blick gesehen, Frieder, ich bin ja nicht blind. In Anbetracht dessen bin ich sogar sehr, sehr freundlich. Aber vielleicht möchtest du ja lieber mit den Herrschaften am anderen Tisch …«

Ich schwitze ein wenig. Schnell weg, bevor Friedrich wirklich seinen Teller packt und uns folgt. Nun bin ich es, die freundlich lächelnd in die Runde nickt, denn das Goldene Lamm ist zwar um diese Uhrzeit noch nicht besonders voll, aber die, die da sind, freuen sich auch über ein kostenloses Entertainment-Programm.

»Aber der Rostbraten sah wirklich lecker aus!« Unbekümmert folgt mir meine Mutter an unseren Tisch, wo so langsam auch der Rest der Familie eintrudelt. »Und die Bratkartoffeln erst!«

Ausgerechnet in dem Moment, als der Kellner an unseren Tisch kommt und meine Mutter endlich Rostbraten mit Bratkartoffeln »genau wie der Herr da hinten« bestellt, läuft die Gattin an unserem Tisch vorbei in Richtung Toiletten. »Wenn Sie seine Bratkartoffeln wollen, müssen Sie den ganzen Mann mit nach Hause nehmen«, sagt sie böse.

»Manchmal haben auch Bratkartoffeln ihre Grenzen«, raunt mir meine Mutter zu. Und dann bestellt sie ihren Rostbraten mit Pommes.

Ein Lied, zwo drei

Nachdem sich meine Mutter dann doch glücklicherweise für ein eigenes Gericht entscheiden konnte, das Ehepaar sich endgültig auf den Heimweg gemacht hat und jeder von uns das Glas Sekt in den Händen hält, das wir zum Anstoßen bestellt haben (und das ich dringend für meine Nerven brauche), findet meine Mutter, dass die Zeit für ein Lied gekommen ist.

Enthusiastisch stimmt sie das klassische *Happy Birthday to you* an, in das sowohl Holger als auch Oliver, Arleen und ich mit einfallen. Gehört ja wohl dazu, oder? Klingt ja auch nicht schlecht. Singen wir doch gleich noch eine Strophe.

»Oma! Bitte, lass!« Wenn es nach Lilli geht zwar lieber nicht, aber man ist nur einmal jung, und wo man singt, da lass dich ruhig nieder. Soll das Kind sich doch lieber freuen, dass es Menschen um sich hat, die ihm ein Ständchen bringen. Und wenn wir schon dabei sind, könnte man das Lied doch auch auf Italienisch singen.

Für Lillis Wunsch, die Singerei doch lieber sein zu lassen, ist es sowieso zu spät. Nicht nur haben wir die volle Aufmerksamkeit der anderen Gäste, es haben auch ein paar mit eingestimmt. Also, ich finde es schön. Meine Mutter sowieso. Und warum das Lied nicht auch noch auf Spanisch singen, denn aller guten Dinge sind drei. Nachdem wir auch diese Version zweimal hintereinander gesungen haben, ist meine Mutter zufrieden. Und Lilli erleichtert. Vorerst zumindest.

Denn unser Gesang hat nicht nur für Aufmerksamkeit bei den Gästen gesorgt, nein, es hat auch das ungarische Akkordeonduo auf den Plan gerufen, das sich im Lamm eigentlich nur für den weiteren abendlichen Einsatz auf dem Marktplatz mit einem Bierchen aufwärmen wollte, aber nun endlich eine Chance wittert, auf ein begeistereres Publikum zu stoßen.

Meine Mutter ist auf jeden Fall angetan, denn der Hauptakkordeonist ist vermutlich um die sechzig, hat einen glutvollen Blick und ihre Geburtstagsliederidee sofort aufgegriffen. Wir singen nun also auf Ungarisch. Toll. Die Version kannte meine Mutter noch nicht, und sie findet die Schließung dieser Wissenslücke phänomenal, während Lilli gerne wieder vor Scham unter den Tisch rutschen möchte.

Dem Akkordeonspieler ist das allerdings ziemlich egal, denn er hat seinen glutvollen Blick nicht auf das Geburtstagskind, sondern hochkonzentriert auf den Oberkörper meiner Mutter gerichtet, und da auf gewisse Details, die dank eines engen schwarzen Langarm-Shirts sehr gut zur Geltung kommen. Ja, der Akkordeonist ist vermutlich schockverliebt und schwenkt von *Happy Birthday* sofort auf etwas, das mir vage bekannt vorkommt und von meiner Mutter als *Ungarischer Tanz Nr. 5 in g-Moll* von Johannes Brahms identifiziert wird. Kein Wunder, dass er fassungslos ist. Ich bin es auch. Woher weiß sie …? »Weiß man halt!« Kopfschüttelnd wippt sie im Takt. Sie sitzt zwar hinten auf der Bank und hat dementsprechend wenig Bewegungsspielraum, aber dennoch: Ihre Schultern zucken, und sie fängt an, mit der Zunge zu schnalzen. Als der Musikant beim *Türkischen Marsch* von Mozart angekommen ist (was ich nur weiß, weil sie es mir gesagt hat), steht meine Mutter, schnippt mit den Fingern und bemüht sich, uns alle ebenfalls zum Aufstehen zu bewegen.

Aber leider, leider unterbricht der Kellner das sich anbahnende Glück und serviert das Essen.

Als unserem ungarischen Akkordeonspieler endlich klar wird, dass wir nun wirklich essen wollen, tauscht er das Akkordeon gegen die Geige und spielt hingebungsvoll die *Csárdás*. So wunderschön, dass meine Mutter beinahe ihren Rostbraten Rostbraten sein lässt, um mit ihm in die ungarische Puszta zu ziehen. Aber nur beinahe. Schließlich hat dann nämlich doch der Rostbraten gesiegt.

Und jetzt auf Japanisch ...

Erster Nachtrag:

Wenn man gerade 18 geworden ist, mag man das alles nicht so gern. Das Singen, die Aufmerksamkeit und überhaupt: Eltern sind peinlich. Großmütter sind peinlich. Selten zwar, aber manchmal eben schon. Alles, was laut ist und die Aufmerksamkeit anderer erregt, ist ... ganz genau.

Andererseits waren wir alle mal 18 und haben gelernt, dass die schlechtesten Ideen meist die besten Erinnerungen schaffen. Wir meinen es also nur gut mit dem Kind, als wir eine *Happy Birthday*-Challenge beginnen, bei der dieses Lied in allen Sprachen gesungen werden muss, die uns einfallen, und Holger gewinnt, weil er sich daran erinnert, dass wir es ja irgendwann einmal auch auf Japanisch singen konnten.

Weil meine Mutter behauptet, dass das nur ganz wenige Menschen können und solche Fähigkeiten genetisch vererbt sind, versuchen wir, nachdem wir den Sekt ausgetrunken haben, alle, den Dessertlöffel an unsere Nasenspitzen zu hängen, die Zunge zu rollen, die Nase mit der Zunge berühren und mit den Ohren zu wackeln.

Und warum, fragen Sie?

Tja.

Ich sage es Ihnen mit den Worten meiner Mutter:

Warum denn nicht?

Als wir sie am Ende des Abends zu ihrem Auto begleiten, summt sie leise Brahms. Ihre Augen glänzen. »Das war ein richtig schöner Geburtstag, Lilli, findest du nicht? Wir sollten viel öfter singen!«, sagt sie und umarmt mein Kind innig. Bei Letzterem ist sich Lilli nicht ganz so sicher.

Zweiter Nachtrag:

Obwohl, gestern war Lilli auf dem 18. Geburtstag ihrer Freundin Nina. Nina feierte in einem Restaurant und hatte 18 Gäste. Raten Sie mal, wer dafür gesorgt hat, dass *Happy Birthday* auf Englisch, Italienisch, Deutsch, Ungarisch und Japanisch gesungen wurde? Wer den Kellner in ein Gespräch verwickelt und sich zur Erheiterung aller einen Löffel an die Nase gehängt hat? Tja. Vielleicht ist es nicht ganz so leicht zu akzeptieren, aber manches im Leben ist einfach genetischer, als mit den Ohren wackeln zu können. Man fragt sich nur, warum ausgerechnet das Bedürfnis dazugehört, sich einen Löffel an die Nase zu hängen.

Falls Sie auch mal mit *Happy Birthday* auf Japanisch punkten wollen, hier die Lyrics:

Otanjoobi omedetto
Otanjoobi omedetto
Otanjoobi (Name des Geburtstagskindes) San
Otanjoobi omedetto

Ach ja, eine winzig kleine Strebervariante, die man auf die gleiche Melodie singen kann, deren Text aber komplizierter ist, hab ich auch noch gefunden. Nämlich diese hier:

Ureshii na kyo wa
Tanoshii na kyo wa
Tanjoobi omedetoo
Oh uta utaimashoo

Wo man singt,
da lass dich ruhig nieder

Meine Mutter singt eben einfach sehr gern. Als ich noch ein Kind war, hat sie dieses Hobby sogar in einem Chor ausgeübt. Dieser Chor zeichnete sich in meiner Erinnerung dadurch aus, dass die Damen Folklorekleider trugen und die Männer beeindruckend wehende Seidenschals. An die Musik erinnere ich mich eher vage, es wurde viel mit den Fingern geschnippt, lautmalerisch gesummt und gebrummt und hin- und hergewippt. Das Folklorekleid ermöglichte viel Bewegung, und der Seidenschal wehte passend dazu im Wind. Wun-der-schön.

In einem Chor mit vielen Mitgliedern kann man über den Einzelnen stimmlich ja nur bedingt etwas sagen, außer in welcher Tonlage der jeweilige Sänger singt. Meine Mutter ist jedenfalls alt – also im Sinne von: Das Gegenteil von Sopran. Bei den Konzerten, zu denen ich auch ab und zu mitkam, herrschte in der »Alt-Fraktion« immer eine ausgesprochen sichtbare Harmonie – alle wippten und schnippten völlig synchron. Weder gab es Rangeleien um vordere Plätze, noch wurde hinten geschubst. Auch wenn ich vielleicht nicht unbedingt der richtige Ansprechpartner bin, wenn es um die Frage geht, ob meine Mutter singen KANN, würde ich jedenfalls nicht das Gegenteil behaupten. Außerdem ist es ihr völlig egal, ob irgendjemand (inklusive mir selbst) das findet. Sie tut es, weil es ihr Spaß macht. Punkt. So grundsätzlich. Den Chor gab sie trotzdem irgendwann auf. Völlig freiwillig. Dabei wäre es ihr sicher trotzdem sehr recht, wenn diejenigen, die ihr aus Versehen beim Singen zuhören, nicht das Weite suchen. Das wäre vor allem deshalb nicht schlecht, weil sie sehr gerne dann singt, wenn sie gute Laune hat oder wenn ein Lied im Radio kommt, das sie kennt oder wenigstens zu kennen glaubt. Und das kann schon mal im Restaurant sein, im Supermarkt oder eben sonst irgendwo, wo Menschen üblicherweise weder singen noch sonst irgendetwas tun, was die Aufmerksamkeit auf sie lenkt. Aber damit hat meine Mutter ja sowieso kein Problem. Wenn sie singt, dann singt sie laut. Und auch das Schnippen, Wippen und Summen hat sie aus irgendwelchen Gründen beibehalten. Ich nehme an, ein Chorleiter könnte das, was sie da tut, auch wieder in eine gewisse ... Form bringen. Zur Zeit erinnert ihr Gesang nämlich eher an eine wilde Mischung aus einer dem Ursprungssong weitläufig verwandten Melodie, einem nur beinahe vollständigen Text und einigem rhythmischen Schnalzen und Summen zur Überbrückung, wenn was fehlt. Und zwar egal, ob Text oder Melodie. Meine Mutter ist quasi eine sehr flexible One-Woman-Band. Mit enormem Freestyle-Interpretationstalent. Ihr Freund Hannes hat aber schon angeklopft. Er geht nämlich jeden Mittwoch singen. Und eine Frau, die all das, was man für einen erfolgreichen Chorgesang braucht, schon dermaßen verinnerlicht hat, die muss auf jeden Fall mit. Hannes hat recht, finde ich. Hauptsache, sie hat Spaß. Und wenn dort ihr Talent nicht ausreichend gewürdigt wird, gibt es zur Not und wenn alle Stricke reißen in Stuttgart eine Einrichtung, die wir sogar gemeinsam besuchen könnten: Den »Ich-kann-nicht-singen«-Chor, bei dem Menschen wie ich vermutlich genau richtig sind. Und Menschen wie meine Mutter zumindest nicht falsch. Singen wir also. Es ist nämlich gesund.

Es versorgt unsere Lungen mit mehr Sauerstoff, und es hebt die Stimmung ungemein. Reicht ja dann vielleicht auch ausnahmsweise, wenn es nur die unsere ist.

Nachtrag:

So wie meine Mutter singt, so tanzt sie übrigens auch: Ein bisschen wippen, schnippen, und eine ziemlich freestylige Interpretation des Liedes. Ich würde beinahe sagen, das ist Kunst. Und selbst wenn nicht: Selten habe ich jemand so tanzen sehen. Und so strahlen.

Das letzte Hemd hat keine Taschen: Was man so braucht, Teil 2

Der Mensch braucht
ein Klavier

Meine Mutter ist musikalisch. Im Sinne von: Wir haben ein Klavier. Dieses Klavier hat mein Vater meiner Mutter geschenkt, da war ich ungefähr zehn. Da sie während ihrer sportlich aktiven Zeit nicht wirklich viele Gelegenheiten hatte, etwas anderes zu tun, als zu trainieren, hatte sie bis dahin kein Instrument gelernt. Aber sie hätte eben gerne. Als ich geboren wurde und wir aufs Land zogen, freundete sich meine Mutter mit Elisa an, einer Konzertpianistin, die im Nachbarort lebte. Und ihr Wunsch, Klavierspielen zu lernen, erfuhr eine unglaubliche Renaissance.

Ich bin mir sicher, dass mein Vater es gut meinte und er meiner Mutter diesen Wunsch gerne erfüllen wollte. Immerhin war sie sicherlich davon überzeugt, dass sie eines nicht allzu fernen Tages *Die Mondscheinsonate*, *Für Elise* und die *Nocturnes* von Chopin spielen können würde. Und mein Vater mit ihr.

Er kaufte also ein Klavier und stellte es in unser Esszimmer. Dort stand es in seiner kiefernhellen Pracht direkt neben der Küchentür und wartete täglich auf seinen Einsatz.

Nun, sagen wir so: Ich weiß, meine Mutter hat viele schöne Stunden bei ihrer Freundin verbracht. Ihr gemeinsames Interesse galt der Kunst, Theatervorstellungen und Konzerten. Ich will auch gar nicht sagen, dass meine Mutter nicht Klavierspielen lernen *wollte*. Ich will nur sagen, ich kann mich jedenfalls nicht daran erinnern, dass sie es auch getan hat. Ich habe sie nie üben gehört. Das wüsste ich doch, oder? Zur *Mondscheinsonate* kam es definitiv nie.

Das Klavier war trotzdem eine sehr nützliche Ergänzung unseres Haushaltes, denn man konnte prima Wasserflaschen und Gläser obendrauf abstellen, oder Dinge, die ich zuerst im Kunstunterricht plastiziert und später während meines Kunststudiums in Bronze gegossen hatte. Auch wenn man die Küchentür aufmachen wollte, aber zu viele Dinge in den Händen hielt, war diese Ablage als vorübergehende Parkmöglichkeit äußerst praktisch. Unserem Esszimmer hätte ohne Klavier sehr viel mehr gefehlt, als wenn Tisch und Stühle nicht da gewesen wären. Essen kann man schließlich auch im Stehen. Am Klavier.

Über die Jahre hinweg entwickelte sich das Klavier dadurch zu einem unentbehrlichen Möbelstück. Wenn Gäste kamen, konnte man den Papierkram, der sich obendrauf befand, auch schnell unter dem Deckel der Tastatur verschwinden lassen, und schon war aufgeräumt. Man konnte Teelichter darauf platzieren, die das Esszimmer in stimmungsvolles Licht tauchten, und schon mal prophylaktisch eine CD mit den *Nocturnes* laufen lassen, damit auch die besonders eifrigen Gäste nicht auf die Idee kommen konnten, die Gastgeberin zu einem Konzert zu überreden.

Natürlich hätte auch ich Klavierunterricht nehmen können, aber da ich schon in der Grundschule mit Querflöten angefangen hatte und mittlerweile auch einigermaßen gut darin war, blieb mir das erspart. Nicht, dass ich Klavierspielen blöd finden würde. Ganz im Gegenteil. Wir haben nämlich auch eines. Holger spielt, Paulina spielt. Und in meiner CD-Sammlung befinden sich viele mit klassischer Klaviermusik. Doch für mich wäre es einfach nicht das richtige Instrument gewesen, denn das Abräumen von all dem Kram fand ich äußerst nervig.

Als meine Eltern mein Elternhaus verkauften und in eine kleinere Wohnung umzogen, wäre dies eine sehr gute Gelegenheit gewesen, das Ding endlich loszuwerden, aber ... ganz im Gegenteil. Die Wohnung, die sie sich aussuchten, hatte ein extra Gästezimmer, in dem zwar eine Couch stand, die man zur Not auch ausziehen konnte. Aber im Grunde erfüllte dieses Zimmer einen einzigen Zweck: Es schaffte Platz für das Klavier.

Der Plan war, es endlich, nach all diesen Jahren, einmal stimmen zu lassen. Denn laut meiner Mutter war die Klavierverstimmung der zweite Hauptgrund, warum sie nicht spielte: Der erste war ihr anstrengender Alltag mit Kind. Das zog dann natürlich nicht mehr.

Aber auch in der neuen Wohnung geriet das Klavier leider in Vergessenheit, denn nun war die Konzertpianistin viel zu weit weg, um sie »zu unterrichten«, was meine Mutter »sehr traurig machte«.

Neulich habe ich ihr wieder einmal vorgeschlagen, das Klavier nun doch loszuwerden. Sie spielt einfach nicht, und ich nehme auch nicht an, dass sie das je einmal tun wird. Aber ich habe keine Chance. Denn kaum erwähne ich das Instrument, will sie sofort wieder Unterricht nehmen.

Das könnte sie ja auch. Aber zuerst müsste sie alle Dinge von diesem Klavier entfernen, damit man es überhaupt aufklappen kann. Dann müsste sie einen Klavierstimmer bestellen und zu dem Zeitpunkt, den sie mit ihm ausgemacht hat, auch zu Hause sein. Sie müsste geduldig warten, bis das Klavier gestimmt ist und es danach frei von allem halten, was sie am Klavierspielen hindern würde.

Sie müsste sich eine Lehrerin oder einen Lehrer suchen, ihn oder sie engagieren, und Klavierspielen ÜBEN.

All das sage ich ihr.

»Weiß ich schon! Und? Dann spiele ich halt das, was ich schon kann.« Ich muss lachen.

»Was kannst du denn? Den Flohwalzer?«

»Lucinde!«

Ich muss noch mehr lachen.

»Ob du es glaubst oder nicht: Ich kann die *Mondschein-sonate!*«

Logisch. Ich auch. Auf dem CD-Spieler.

»Schon klar.«

Meine Mutter schnaubt.

»Lucinde! Ich bin deine Mutter! Wo bleibt dein Respekt?«

»Ich weiß nicht? Vielleicht liegt er irgendwo auf dem Klavier?«

»Du!« Sie gibt mir einen Klaps auf die Schulter.

»Ach Mama, wollen wir es nicht vielleicht doch verkaufen? Denk an den Platz, den du dann hättest. Zum Beispiel für ein Bücherregal oder irgendwas mit vielen Schubladen für all die Papiere, die ...«

»Niemals. Und es ist völlig gleichgültig, ob ich die *Mond-scheinsonate* nun kann oder nicht. Der Mensch braucht einfach ein Klavier. Auch wenn er es nicht spielt.« Sie hält die Hände schützend über das Instrument.

Der Mensch braucht eine Ablage und einen großen Papier-korb, denke ich. Aber ich sage nichts. Man weiß ja nie, ob es nicht doch noch zur *Mondscheinsonate* kommen könnte.

Von Krawatten und Büchern

Eine der größten Leidenschaften meiner Mutter war schon immer, Krawatten zu kaufen. Dabei bin ich mir noch nicht einmal sicher, ob mein Vater während seiner Zeit als Produktionschef beim Fernsehen wirklich Krawatten tragen musste. Er tat es jedenfalls, ohne sich je darüber zu beschweren, und auch nur, um meiner Mutter eine Freude zu machen. Vielleicht mochte er Krawatten ja auch selbst ganz gern. Oder beides. Er besaß jedenfalls viele Modelle aus sehr unterschiedlichem Material und in gewagtem Design: Breite, schmale, aus Samt, Leder oder Seide, mit und ohne Paisley, Heißluftballons oder anderem, meist albernem Aufdruck, je nach Mode – meine Mutter ergänzte seine Garderobe mit Hingabe.

Mein Vater hatte einen eigenen Krawattenschrank, in dem er die Krawatten auf Bügeln fein säuberlich nebeneinanderhängte. Auf einen dieser Bügel passten mindestens acht Krawatten, was meiner Mutter sehr entgegenkam. So fiel es nämlich überhaupt nicht auf, wenn mal einfach ein besonders schönes Exemplar dazugehängt wurde. Mein Vater hatte sowieso längst den Überblick verloren. Als Kind liebte ich es, mit den Händen über die seidigen Stoffe zu streichen. Als ich älter wurde, liebte ich die Krawatten nicht weniger, aber vor allem deshalb, weil sie mich bei Kostümfesten und während des Karnevals zu einer begehrten Person machten.

Als mein Vater aus dem aktiven Berufsleben ausschied, verebbte die Krawatten-Kaufleidenschaft meiner Mutter ein wenig und wurde durch eine Pyjama-, Kaschmirpulli- und

Unterwäsche-Kaufbegeisterung ersetzt. Für meinen Vater, versteht sich. Ich glaube, meine Mutter war vor allem deshalb von meiner Ehemannwahl angetan, weil mein Mann Holger einen krawattentauglichen Beruf hat und sie so wenigstens einmal im Jahr an Weihnachten wieder einen Grund hat, in die Accessoire-Abteilung ihres Lieblingsherrenausstatters zu pilgern und ein neues Modell auszusuchen.

Wenn es um sie selbst geht, ist meine Mutter äußerst bescheiden, völlig uneitel und ganz und gar niemand, der sich etwas aus teuren Designerklamotten macht.

Wofür sie allerdings sehr gerne Geld ausgibt, sind Bücher.

Das mit den Büchern ist allerdings so eine Sache: Sie kauft sie zwar liebend gerne, aber Lesen ist nicht so ihr Ding. Doch seitdem ihre Tochter das eine oder andere Buch geschrieben hat, ist diese Leidenschaft ähnlich intensiv wie einst die Krawattenbegeisterung. Meine Mutter kauft also Bücher, die ich geschrieben habe, um sie zu verschenken, außerdem Bücher, die ich ihr empfohlen habe aus dem gleichen Grund, sowie Bücher, die andere gelesen und für großartig befunden haben. Und weil ja alles Geschenke sind, lässt sie sie gleich im Buchladen einpacken. Das Geschenkpapier ist immer exakt gleich, denn die Bücher kauft sie immer in ihrem winzigen Lieblingsbuchladen. Das ist natürlich in vielerlei Hinsicht eine gute Tat. Denn selbst, wenn alle anderen Kunden wegbleiben würden, könnte er sich allein dank meiner Mutter bestimmt eine ganze Weile über Wasser halten.

Trotz der identischen Verpackung kann man natürlich gebundene von Taschenbüchern unterscheiden und anhand ihres Umfangs vielleicht auch noch sagen, um welches Buch es sich handelt. Zumindest, wenn man sich erinnert, was man überhaupt je gekauft hat. Nach einigen Anfangsschwierigkeiten kleben nun auf jedem der Bücher Post-its. *Die Kathedrale des Meeres – für Hermann* steht da zum Beispiel drauf. Oder ... Äh ... »Was steht da? Ich kann's nicht lesen, Lucinde. Egal. Machen wir es auf und schauen wir nach.«

Nachtrag:
Sagen wir es so: Ein kleiner Buchladen ist gerettet. Meine Mutter hat etwas zum Auspacken. Und jeder ist glücklich. Das Einzige, was meine Mutter an dieser Büchersache wahrscheinlich nicht ganz so gut findet, ist, dass man Bücher nicht auf Bügeln übereinander in dafür vorgesehene Schränke hängen kann.

Lieblingsbücher

Natürlich hat sie schon viele Bücher gelesen. Nur eben nicht so viele, wie sie eingekauft hat. Doch ein paar davon haben sie sogar nachhaltig beeindruckt.

- *Die Bibel.* Nicht, dass sie täglich darin gelesen hätte oder jeden Sonntag in der Kirche gewesen wäre, aber einige Geschichten und Psalmen sind einfach lebenslange Begleiter. Wunderschön und unglaublich tröstlich.

- Karl May (1842-1912) hat definitiv die Abenteuerlust meiner Mutter geweckt. Obwohl sie nicht alles von ihm gelesen hat, aber laut meiner Mutter hat er ja auch einfach zu viele Bücher geschrieben! Ihr Favorit: *Der Schatz im Silbersee*, Wildwestroman, 1891.

- Pearl S. Buck, US-amerikanische Schriftstellerin (1892-1973), Pulitzer- und Literaturnobelpreis-Trägerin: Ihre Bücher über fremde Länder erfüllten meine Mutter mit großer Sehnsucht und bestärkten sie in dem Wunsch, die Welt zu sehen.

- Fynn, *Hallo Mister Gott, hier spricht Anna* (1974). Ein Buch über Vertrauen und Glauben. Nein. DAS Buch über Vertrauen. Gleichzeitig traurig und schön!

- Maxie Wander, *Guten Morgen, du Schöne.* Ein Buch über verschiedene Frauen in ganz unterschiedlichen Lebenssituationen. Sehr spannend. Das Vorwort hat übrigens Christa Wolf geschrieben. Und natürlich *Leben wär' eine prima Alternative*, das erste Buch, in dem Maxie Wander (1933-1977) ihre Brustkrebserkrankung öffentlich macht und gleichzeitig von ihrem Leben erzählt und all dem Schönen, das sie noch erleben will. Was für eine beeindruckende und starke Frau!

- Jean Websters *Daddy-Long-Legs* (1912). Eine wunderschöne und romantische Geschichte! Und die Verfilmung mit Leslie Caron ist einfach großartig.

- George Orwell, *1984* (1949). Das war doch damals echt unvorstellbar! Jeder wird immer und überall beobachtet. Gruselig, oder? Und noch gruseliger: Heute ist es völlig normal.

- Christiane F., *Wir Kinder vom Bahnhof Zoo* (1978). Das war wirklich eine andere Welt, meiner Mutter bis dahin völlig unbekannt. Verstörend und faszinierend.

- Leonhard Frank, *Karl und Anna* (1927). Die Geschichte zweier Kriegsgefangener in Russland und eine Geschichte über die Liebe. Karl behauptet, Annas Ehemann Richard zu sein, der aus der Gefangenschaft zurückkehrt, weil er sich in dessen Erzählungen in seine Frau verliebt hat. Wer denkt sich denn so was aus? Traurig und berührend zugleich.

- Joseph Roth, *Hiob: Roman eines einfachen Mannes* (1930). Die Lebenswege und Schicksalsschläge einen jüdischen Toralehrers haben meine Mutter fasziniert. Außerdem heißt einer der Protagonisten Frisch (der Mädchenname meiner Mutter) und geht nach New York (wie meine Großmutter).

- Tiziano Terzani, *Das Ende ist mein Anfang* (2009). Die Gespräche zwischen dem Autor und seinem Sohn über das Leben und Terzanis Sterben und den Tod im Allgemeinen haben nicht nur meine Mutter, sondern auch mich und meine Familie in den letzten Lebensmonaten meines Vaters begleitet, getröstet und immer wieder berührt.

»Weißt du, Lucinde, wenn ich so darüber nachdenke, gibt es noch viel mehr Bücher, die mir sehr gut gefallen haben. *Die Asche meiner Mutter*, zum Beispiel. Oder die Bücher von Isabel Allende und Esther Vilar. Oder ... man sollte viel mehr lesen ...«

»Sollte man, Mama. Unbedingt.«

»Wäre gut, man hätte mehr Zeit dafür. Ich meine, bei all dem Reisen, Wandern, Yoga und Fremdsprachenlernen müsste man sie sich ja nur nehmen.«

»Absolut.«

»Dein nächstes Buch lese ich auf jeden Fall, versprochen.«

»Da würde ich mich sehr freuen.«

»Was schreibst du denn gerade?«

»Na, das Buch über dich!«

»Oh. Ah. Ich glaube, ich muss vielleicht doch lieber dringend noch mal Spanisch für Fortgeschrittene ...«

Immer Theater

»Lucinde, steck dir dein Geld in den Kopf, da ist es am besten aufgehoben« ist einer der Lieblingssätze meiner Mutter. Sie ist da auch sehr gern sehr großzügig. Besonders großzügig ist sie in Hinblick auf Bildung und Kultur. Weil Theater, Opern und Ballett in ebendiese Kategorie gehören, ist meine Mutter leidenschaftliche Theaterkartenkäuferin. Sie kauft immer mindestens zwei Karten und verschenkt meist eine davon an eine Freundin, einen Freund oder eben an mich. Sie ist bestens informiert und hat ein sehr gutes Gespür für Stücke, die sich lohnen. Dank ihrer Begeisterung für Kultur habe ich auch schon tolle Sachen gesehen, und ich freue mich jedes Mal, wenn sie mich anruft und fragt, wann ich Zeit habe. Manchmal ist sie allerdings so begeistert von irgendeiner Vorankündigung, dass sie einfach Karten kauft. Auch wenn sie nicht mehr unbedingt altersgemäß sind.

»Lucinde, du, ich hab da Karten für *Die kleine Hexe!*«

»Das ist ... *toll?*«

»Du freust dich ja gar nicht richtig.«

»Doch schon, es ist nur ... Zu Erinnerung: Selbst dein jüngster Enkel wird dieses Jahr zwölf?«

»Ja, aber *Die kleine Hexe* ist doch nicht nur für Kinder geeignet! Da kann doch jeder reingehen, egal wie alt. Und außerdem hat das Stück Preise gewonnen und ist sehr modern gemacht!«

»Oh, es ist sicher großartig. Aber William möchte trotzdem unter keinen Umständen noch für ein KIND gehalten werden. Die schlimmste Schmach, die er sich vorstellen könnte, wäre bei so etwas Unmännlichem wie einem Kindertheaterstück erwischt zu werden. Von jemandem, den er kennt. Aus seiner Klasse womöglich. Egal, ob das Stück preisgekrönt ist.«

»Wenn er erst einmal dort ist, gefällt es ihm bestimmt.«

»Glaub ich auch. Aber bis wir dort sind, müssen wir stundenlang diskutieren, warum ein Junge in seinem Alter überhaupt ins Theater muss und dann führt er sich wieder auf wie ein Geheimagent auf gefährlicher Mission. Dass er sich nicht noch verkleidet, fehlt gerade noch.«

»Ach, das ist doch mal überhaupt eine gute Idee! Dann verkleidet er sich eben. Ich könnte mich ja auch …«

Vor meinem geistigen Auge erscheint meine Mutter im Hexenkostüm auf dem Weg ins Staatstheater.

»Außerdem hat meine Freundin Astrid gesagt, dass das Stück ein wesentliches Stück Kultur ist und das Beste, was sie in den letzten Jahren gesehen hat. Und sie muss es wissen, schließlich arbeitet sie im Kulturressort bei der Zeitung! Und nur wegen ihr habe ich überhaupt Karten ergattern können.«

»Wie viele Karten hast du denn?«

»Sieben.«

»Sieb…?«

»Ja, also für dich, mich, William, Paulina, Lilli und Holger.«

Holger? Mein Mann wird sich bedanken. Seine Affinität zu Kinderstücken ist einigermaßen begrenzt. Übrigens ebenso wie die von Paulina. Aber was soll ich sagen? Ich finde es, wie gesagt, schön, dass sie so etwas überhaupt macht.

»Du hast dich verzählt. Wir sind nur zu sechst.«

»Wie? Aber sonst waren wir doch immer sieben?«

»Schon, aber sonst war auch Maria immer dabei.«

Meine mittlere Tochter ist seit sechs Monaten in Neuseeland, das kann man schon mal vergessen.

»Ach deshalb! Macht nichts, dann kommst Astrid einfach auch noch mal mit.« Wie gut, dass Astrid das Stück so toll findet.

»Also Mama, ich finde es wirklich sehr nett, dass du immer an uns denkst.«

»Siehst du? Geht doch. Ich habe beinahe schon gedacht, du wärst undankbar.«

Was, ich?

Es stellt sich heraus, dass wir am Tag der Aufführung leider im Urlaub sind. Das ist insofern schade, als dass ich *Die kleine Hexe* sehr gern gesehen hätte. *Ich* war ja auch nie das Problem bei diesen Karten. Nachdem wir hin- und herüberlegt haben, wie wir es doch noch möglich machen können, beschließt meine Mutter, die Karten komplett zurückzugeben und zu versuchen, für einen anderen Tag Tickets zu bekommen. Und zwar nur drei. Eine für sie, eine für William und eine für mich. Denn es stimmt schon: Er geht eigentlich sehr gern ins Theater, und manchmal muss man ihn einfach zu seinem Glück zwingen. Und sie verspricht – ganz wichtig -, kurz mit mir Rücksprache wegen des Termins zu halten. Das macht sie auch.

Nachtrag:

Wir haben großartige Plätze, und das Stück ist wirklich toll. William ist (wie erwartet) zuerst ziemlich bockig und eingeschnappt, dass er mit muss, während seine Schwestern zu Hause bleiben dürfen, aber sobald sich der Vorhang hebt, ist mein armes, völlig unfreies und gequältes Kind fasziniert.

Nur meine Mutter ist nicht dabei. Sie hat nämlich vergessen, in ihren eigenen Kalender zu schauen, und just an diesem Tag hatte sie schon ganz andere Pläne. Nicht nur andere Pläne – nein, sie hatte Karten für ein anderes, längst ausverkauftes Theaterstück. Das hatte ihr ebenfalls Astrid empfohlen. Ich glaube mit Absicht. Damit sie jetzt hier neben mir sitzen kann. Neben mir und einem Geheimagenten, der sich köstlich amüsiert.

Das Haus verliert nichts

Weihnachten und Geburtstage stehen, wie oben schon erzählt, ja nicht so hoch in der Gunst meiner Mutter. Was sie aber liebt, ist Ostern. An Ostern ist bei ihr alles mit Osterglocken, Hyazinthen und Tulpen geschmückt. Es duftet wundervoll nach frischen Blumen. Überall sitzen Hasen aus Porzellan, Holz oder Ton. Es gibt ein unglaubliches Frühstück mit Brötchen, Frühstückseiern, frischen Säften und natürlich Crémant. Der darf nicht fehlen. Wir frühstücken stundenlang und mit allem, was dazugehört. Wenn wir dann alle pappsatt sind, kommt ihr Lieblingsteil bei dieser Veranstaltung: das groß angelegte Eiersuchen.

Das erste Osterfest, an das ich mich noch erinnern kann, haben wir zu viert mit Hellmut, dem Bruder meines Vaters, gefeiert. Damals hatten meine Eltern die Eiersuche noch nicht so richtig perfektioniert. Um zu suchen, gingen wir nämlich spazieren.

Das war grundsätzlich keine schlechte Idee, zumal man ja an Ostern auf dem Land währenddessen noch allerlei knospende Natur bewundern kann. Dafür hatte ich als Kind natürlich eher keinen Sinn, und ich konnte auch nur deshalb zu diesem Spaziergang überredet werden, weil »der Osterhase« ja schon unterwegs gewesen war.

Wenn ich gewusst hätte, dass dies die letzten Momente meines unschuldigen, weil ahnungslosen Kinderparadieses sein würden, ich hätte sie noch mehr genossen.

Mein Vater erzählte mir beim Gehen merkwürdige Geschichten über irgendwelche Osterbräuche, um mich an der Überführung meines Onkels als Osterhase zu hindern, und trug dabei ein Körbchen in der Hand, in das ich meine Beute legen konnte. Meine Mutter pendelte als Springer zwischen meinem Vater und meinem Onkel, denn ihre Aufgabe war es, den Inhalt des Korbs, sobald er ein wenig gefüllt war, unbemerkt zu meinem Onkel zu schmuggeln, sodass er die Schokoladeneier wieder verstecken konnte. Dabei ist »verstecken« wirklich etwas hoch gegriffen. Im Grunde ließ er die Eier einfach nur rechts und links ins Beinahe-schon-Grüne fallen. Wenn er ein passendes Astloch auf Augenhöhe fand, steckte er auch dort einmal ein Ei hinein, aber da »Augenhöhe« relativ ist, musste mein Vater mich auf solche Eier immer hinweisen.

Wie gesagt, ich war naiv. Aber auch ich wunderte mich darüber, dass die Eier trotz einigermaßen frostiger Außentemperatur immer unförmiger und weicher wurden, dass auch an den Astloch-Exemplaren Moos hing, das ausschließlich am Boden zu finden war, und dass meine Mutter die Erste war, die irgendwann behauptete, sie hätte jetzt genug Ostereier gesucht. Ich war einverstanden. Schließlich hatte ich das Gefühl, mindestens tausend Eier gefunden zu haben.

Tja. Als ich den tatsächlichen Inhalt des Körbchens zu Gesicht bekam, den schuldbewussten Blick meines Vaters und den amüsierten meines Onkels hinzuaddierte, wusste ich, was Sache war. Meine unschuldige Kinderseele prallte mit einem sehr unschönen Geräusch auf den Boden der rauen Realität. Danach war nie wieder irgendetwas wie davor. Hellmut war also der Osterhase? Wer war dann der Weihnachtsmann? Meine Mutter vielleicht? Das war ein Schock. Übrigens, sie bestätigte dies im selben Jahr am Nikolaustag, indem sie mir einfach überhaupt gar nichts in meinen Stiefel steckte. Ihre Begründung? Sie habe vergessen, dass der Nikolaus vom 5. auf den 6. Dezember komme, behauptete sie. In ihrer Erinnerung kam er immer erst am siebten. Wer's glaubt, wird selig.

Ja, ich bin ein schwer traumatisiertes Kind. Das Schlimmste an dieser Ostereiergeschichte war aber nicht nur, dass in meinem Korb am Ende maximal zwanzig Schokoladeneier lagen, weil Hellmut sie einfach immer wieder aufs Neue versteckt und nebenher natürlich auch welche gegessen hatte. Nein, ich musste diese Eier auch noch mit ihm teilen. Und man hatte mich unter Vortäuschung falscher Tatsachen nach draußen gelockt und zu einem Spaziergang überredet.

Zweimal fiel ich auf diesen Trick allerdings nicht rein. Von diesem Jahr an wurden die Ostereier nur noch drinnen versteckt. Mein Onkel kam auch im nächsten Jahr zu Besuch, aber ich ließ ihn nicht aus den Augen. Der große Vorteil der Eiersuche im Haus lag auf der Hand: Meine Eltern konnten sie schon vorher verstecken. Leider wussten wir am Ende nie, ob wir wirklich alle gefunden hatten, denn die Verstecke waren oft ziemlich gut, weil mein Vater und meine Mutter immer in eine Art Wettstreit gerieten, wer sich die besseren Verstecke ausdenken konnte.

Manchmal fanden wir die Eier erst später. Beispielsweise dann, wenn uns Schokoladensauce von der Lampe ins Essen tropfte oder – schlimmer noch – die Heizung merkwürdig roch, weil eben nicht nur welche aus Schokolade, sondern auch hart gekochte Eier versteckt wurden.

Großartig war auch, dass wir bei dieser Ostereiersuche immer Dinge fanden, die schon sehr lange verschollen gewesen waren. Die Lesebrille meines Vaters, die Kaffeetasse, die meine Mutter irgendwo abgestellt hatte, als das Telefon klingelte.

Meine Mutter trinkt ihren Kaffee mit Milch. Das ist wichtig, denn so konnte sie mir beim Auffinden der Tasse einen wesentlichen Bestandteil der angewandten Chemie oder Biologie (oder Biochemie?) anschaulich machen. Man hätte den Kaffee nur rasieren müssen, und er wäre wieder tiptop in Ordnung gewesen.

Wir fanden außerdem jede Menge verschollen geglaubter Papiere, einzelne Socken, längst abgelaufene Eintrittskarten, deren Nicht-Auffindbarkeit beinahe zur Scheidung geführt hatten. Kurz: Dinge, die in den letzten 364 Tagen verloren gegangen waren und über deren Auffindung sich zumindest meine Eltern mindestens genauso freuten wie sich meine Kinder über die Ostereier. »Das Haus verliert nichts« ist übrigens auch einer der Lieblingssprüche meiner Mutter, und ich bin mir sicher, er stammt aus dieser Zeit.

Nachtrag:
Okay, okay. Ich habe es begriffen: Meine Mutter feiert nicht deshalb so gerne Ostern, weil es eine schöne Gelegenheit ist, die Familie zu sehen. Und sie legt auch nicht deshalb so viel Wert darauf, dass es bei ihr stattfindet, weil sie selbst mal gerne ein Fest ausrichten möchte. Nein. Der Hintergrund ist ein ganz anderer: Denn während wir frühstücken, schiebt sie unauffällig die Liste mit Dingen rüber, die sie schon lange nicht mehr gesehen hat. Na ja, wenn wir schon dabei sind ...?

Die Fette

Natürlich ist die Wohnung meiner Eltern seit dem Tod meines Vaters ziemlich leer. Er fehlt einfach. Und zwar in jedem Zimmer und zu jeder Zeit. Andererseits hatte meine Mutter ja schon immer dieses Talent und auch den Wunsch, jeden Raum, jede Oberfläche und einfach alles mit Dingen zu füllen. Nicht, dass Bücher, Blumen oder Kissen meinen Vater ersetzen könnten. Seit er nicht mehr da ist, gibt es nun einfach noch mehr Platz für Gegenstände.

Sie hat außerdem ein Faible für Kunst, was dazu führt, dass in ihrer Wohnung an Stellen Wände sind, wo man gar keine braucht, damit dort Bilder hängen können, und an anderen Stellen dafür keine Möbelstücke stehen dürfen, weil dort Platz für Drucke oder großformatige Fotografien geschaffen wurde oder Skulpturen davor stehen. Zu einer Skulptur hat meine Mutter eine besonders innige Beziehung.

Es handelt sich dabei um eine ziemlich dicke, sitzende Frau, die von ihr liebevoll »Die Fette« getauft wurde. Die Beziehung, die die beiden haben, geht absolut über das normale Verhältnis von Kunst zu Besitzer hinaus.

»Die Fette« leistet ihr Gesellschaft. Sie stimmt meine Mutter fröhlich. Und sie ist da, wenn meine Mutter nach Hause kommt. Sie trägt immer das Gleiche, nämlich sehr wenig, aber sie scheint sich nicht an winterlichen Temperaturen zu stören. Sollte dies jemals der Fall sein, würde ich meiner Mutter durchaus zutrauen, dass sie eine nie gekannte Leidenschaft für Handarbeiten entwickelt und »Der Fetten« sowohl Mantel als auch Mütze strikt. Es war kein ganz einfacher Weg zu dieser schon beinahe symbiotischen Beziehung. Meine Mutter ging monatelang am Schaufenster spazieren, und bis sie sich endlich dazu entschlossen hatte, »Die Fette« zu kaufen, hatte die Galerie beinahe schon wieder pleite gemacht. Aber trotzdem. Meine Mutter und »Die Fette« gehören zusammen. Das weiß ich, seitdem ich tatsächlich zu fragen gewagt habe, ob sie von dem Geld nicht lieber einen Urlaub machen wollte.

»Notwendig ist nur das Überflüssige, Lucinde.« Und sie fuhr mit gerunzelter Stirn fort: »Und weißt du, wenn du so etwas sagst, dann frage ich mich, warum wir dir damals das Bildhauerei-Studium finanziert haben.«

Yep. Autsch.

Ich gönne ihr diese Skulptur ja nicht nur, ich bin wirklich mit ihr darüber glücklich, dass sie sich so an ihr erfreuen kann. Ich finde es nur irgendwie traurig, wenn die einzige Gesellschaft, die meine Mutter abends hat, eine hübsch bemalte übergewichtige Gipsskulptur ist. Mir wäre es sehr recht, sie würde in unsere Nähe ziehen. Nicht, weil ich ihr nicht zutraue, alleine zu leben, sondern weil es einfach schön wäre, sie in unserer Nähe zu haben. Ich versuche schon eine Weile und immer wieder aufs Neue, sie dazu zu überreden, ihre Wohnung aufzugeben und sich hier bei uns eine kleinere zu suchen. Bisher ohne jeglichen Erfolg.

»Wieso? Ich bin abends doch gar nicht ungern allein. Und ›Die Fette‹ ist doch eine prima Gesellschaft! Wir sind immer einer Meinung. Meiner nämlich. Und im Gegensatz zu dir ist sie auch nicht immer so kritisch mit mir.«

»Moment. Ich bin doch nicht … also … sie ist doch … Du … Jetzt mal im Ernst: Du ziehst mir nicht wirklich die

Gesellschaft einer Gipsskulptur vor, oder? Sie geht weder mit dir ins Kino noch zum Singen oder kocht dir Hühnersuppe, wenn du krank bist. Und immer einer Meinung zu sein, ist doch auch langweilig, oder?«

»Das stimmt.« *Jetzt nur keinen Fehler machen, Lucinde.*

»Weißt du, Mama, die Kinder fänden es schön, dich öfter zu sehen.« *Weiter so!*

»Sie sind hier aber doch auch jederzeit willkommen!«

»Das weiß ich doch. Aber es ist schon ganz schön weit von dir in Stuttgart bis zu uns nach Böblingen Und es wäre toll, wenn wir dich einfach zum Essen bei uns haben könnten, mal kurz nach dir sehen, dir ein paar Blumen bringen, zusammen einen Film schauen, dich spontan zu einem Spaziergang abholen und ...«

»Aber ich will nicht nach Bööööööblingen.« Wenn man es nicht ausspricht, als wäre unser Wohnort eine ansteckende Krankheit, dann ist Böblingen gar nicht so übel. Wir wohnen direkt am Wald, die S-Bahn ist in der Nähe, wir haben viele nette, kleine Restaurants, ein Kino. Und außerdem:

»Warum denn nicht? In unserer Straße ist eine wirklich hübsche Wohnung frei geworden. Drei Zimmer. Direkt gegenüber. Das wäre doch perfekt!«

»Oh. Direkt gegenüber? Nein. Also. Nein. Das ist alles andere als perfekt. Direkt gegenüber ist mir viel zu nah! ›Die Fette‹ und ich, wir brauchen schließlich auch ein wenig Privatsphäre. Nein, ich bleibe hier.«

»Ach Mama.«

»Was denn? Warum denn: Ach Mama? Ein altes Sprichwort sagt doch schließlich: Verpflanze nie eine alte Fette!«

»Echt jetzt? Das kannte ich ja noch gar nicht.« Ich muss lachen. »Und außerdem bist du doch eigentlich diejenige, die immer Hesses *Stufen* zitiert und behauptet, dass man nie an seiner Heimat hängen soll.«

»Ja, das schon. Aber wenn die Alternative Böblingen ist?«

Nachtrag:

Meine Mutter bleibt also in ihrer Wohnung. Sie möchte nicht in unsere Nähe ziehen. Ganz im Gegenteil. Wenn es nach ihr ginge, würde sie »später mal« lieber gern noch weiter weg in ein betreutes Wohnen. Nach Bad Cannstatt oder so. Da ist ihrer Meinung nach wenigstens was los. Aber was noch viel wichtiger für sie ist: Sie will unbedingt unabhängig bleiben.

»Schon klar, Mama. Unabhängigkeit ist schließlich auch das Wichtigste im Alter.«

»Ganz genau, Lucinde. Aber wenn dir das nicht gefällt, gehe ich eben nach Sri Lanka. Oder nach Neuseeland. Ich komme sehr gut alleine klar. Und außerdem bin ich ja gar nicht allein: ›Die Fette‹ ist nämlich auf jeden Fall dabei.«

Was soll ich sagen? Bei so einer ausgefeilten Argumentation?

Hauptsache, kein Rotes!

»Ich finde, ich brauche ein neues Auto«, begrüßt mich meine Mutter bei unserem morgendlichen Telefonat. Ich bin zwar ein wenig überrumpelt, weil sie bisher immer sehr davon geschwärmt hat, wie praktisch ihr kleiner Zweisitzer-Smart in der Stadt ist, aber wann immer meine Mutter außerhalb unterwegs war oder gar ein paar Tage wegbleiben wollte, dann lieh sie sich mein Auto. Grundsätzlich ist das vermutlich praktikabel. Aber in unserem Fall eher semipraktisch, denn wo soll ich in einem Zweisitzer vier Kinder (oder sagen wir mal mindestens zwei) unterbringen?

Eben. Meine Mutter ist einerseits nicht besonders entscheidungsfreudig, manchmal allerdings auch sehr spontan. Besonders, wenn es darum geht, gute Ideen in die Tat umzusetzen. Und offensichtlich findet sie diese Idee sehr gut, denn:

»Sag mal, Lucinde, wann kannst du mal?«

»Ähm. Wann ich was?«

»Wie, was? Ein Auto kaufen.« Ich kann quasi durchs Telefon hören, für wie schwer von Begriff meine Mutter mich hält. Im Geiste gehe ich meinen Kalender durch. Diese Woche ist es schlecht, da muss ich arbeiten. Nächste Woche ist es ein bisschen besser, aber nachmittags habe ich Fahrdienst. Übernächste Woche vormittags wäre nicht schlecht, wenn ich Dagmar absage und meinen Zahnarzttermin verschiebe. Doch, das müsste gehen.

»Ich kann ...« So dringend ist das mit dem Auto ja auch nicht. Schließlich betreiben wir das mit dem Hin-und-Herleihen ja schon zwei Jahre. Da kommt es auf ein paar Wochen auch nicht an. Muss sie sich eben ein bisschen gedulden.

»Heute?« So viel zum Thema Geduld.

Natürlich geht »heute« prinzipiell schon, vor allem, wenn ich kurzerhand meinen kompletten Tag über den Haufen werfe, Williams Basketballtrainer Bescheid sage, dass er, Max und Leon heute leider nicht kommen können, weil niemand da ist, der sie durch die Gegend fahren kann, es sei denn, irgendeine andere Mutter tauscht heute kurzfristig mit mir den Taxidienst, und mich sehr beeile, denn dann bin ich vielleicht wenigstens zu meiner eigenen Yogastunde um 19 Uhr zurück. Aber das mache ich gern, wenn meine Mutter schon mal genau weiß, was sie will. Allerdings wäre vielleicht Holger der bessere Ansprechpartner, wenn es um Autokäufe geht?

»Das schaffen wir beide auch allein.« Hört sich so an, als hätte sie bereits eine Wahl getroffen und wir müssten nur noch ins Autohaus fahren und ihr Wunschauto abholen. Unkompliziert und einfach.

»Okay, welches soll es denn werden?«

»Wie meinst du das?«

»Na, was für ein Auto du dir kaufen möchtest. Gebraucht oder nicht gebraucht, Marke, PS, Umdrehungen, Ausstattung ...« In Gedanken gehe ich die Kategorien in Williams Auto-Quartett durch. »... Hubraum.«

Ich habe keine Ahnung, was der Hubraum ist. Meine Mutter auch nicht. Das höre ich an ihrem Schweigen.

»Aha, ja. Gut, wenn das wichtig ist, dann schauen wir nach einem mit einem großen ... Hubraum. Vielleicht passt da ja dann mehr Gepäck rein, als in meinen Alten.« Sie kichert. *Oh, oh.* Das scheint nicht ganz so einfach zu werden, wie ich gehofft hatte.

»Also hast du dir noch kein bestimmtes Auto ausgesucht, richtig?«

»Na ja, nee. Eigentlich nicht.«

»Macht ja nichts. Vielleicht könnten wir ja schon mal vorher im Internet ein bisschen recherchieren, was es für passende Autos geben könn... «

»Ach, so ein Blödsinn. Internet. Ich will das Auto doch fahren und nicht auf einem Bildschirm anschauen! Da hat man ja gar kein Gefühl dafür, was es alles kann.« Stimmt natürlich.

»Ich möchte da lieber hinfahren.« Hab ich schon verstanden. Nur:

»Wohin genau?«

»Ach, das ist mir eigentlich gleich. Hauptsache, sie haben was Passendes.«

»Was wäre denn deiner Meinung nach passend?«

»Na ja, also klein genug für die Stadt. Groß genug zum Verreisen. Wendig und schick. Und auch ein bisschen flott.«

Soso.

»Prima. Das grenzt die Auswahl ja schon mal auf Tausendmillionen ein.« Bye bye, Yogastunde um 19 Uhr.

»Sehr lustig, Lucinde.«

»Find ich auch, Mama. Also, was jetzt?«

»So, wie ich gesagt habe. Klein, flott, wendig, schick. Ach ja, den Hubraum nicht vergessen.« Sie lacht.

»Aber Hauptsache ...«

»Hauptsache was? Airbags vorne und hinten? Großes Navi? Sitzheizung, Einparkhilfe?«

»Nee. Hauptsache, kein Rotes!«

Papiere

Es mag erstaunlich klingen, selbst in meinen Ohren, aber wir haben tatsächlich ein Auto für meine Mutter gefunden. Es hat auch nicht mehr als fünf Tage und ebenso viele Besuche in unterschiedlichen Autohäusern gebraucht, bei denen die Automobilfachverkäufer dann doch relativ schnell begriffen haben, was meine Mutter wollte. (»Hallo, junger Mann, ich suche ein Auto und keinen ROLLSTUHL!«)

Ich habe nur einmal den Zahnarzt verschoben und zweimal Yoga sausen lassen. Ihr neues Auto ist ein Smart for four. Und zwar mit Sportpaket, sehr flott, sehr wendig und alles andere als rot. Sie ist glücklich. Dann bin ich es auch. Und ich bin endlich wieder sportlich aktiv. Jetzt muss nur noch das alte Auto verkauft werden. Aber das macht zum Glück mein Mann. Dazu braucht er allerdings alle Unterlagen, die es zu diesem Auto gibt. Und die hat meine Mutter. Hoffentlich.

»Sag mal, Mama, Holger lässt fragen, ob du ihm die Versicherungsunterlagen von deinem alten Smart mitbringen kannst, wenn du morgen zu uns kommst, damit er ihn verkaufen kann.«

»Oh. Ja. Die Versicherungsunterlagen. Hm. Morgen braucht er sie. Wirklich wahr, morgen schon?«

Lange, nicht sehr erfolgversprechende Gesprächspause.

»Mama?«

»Ja, also ich ... ich habe keine Ahnung, wo die sind. Die sind bestimmt in dieser Kiste ... oder nein, auf meinem Schreibtisch, da ...«

»Du hast einen Schreibtisch?«

»Sehr lustig, Lucinde. Natürlich habe ich einen Schreibtisch. Er steht im Gäste..., also in meinem Arbeitszimmer. Hast du den noch nie gesehen?«

»Ist er unter dem Kleiderberg, den du neulich aussortiert hast und zur Diakonie bringen wolltest? Ich habe mich schon gefragt, was da drunter ...«

»Lucinde!« Ich muss lachen. Meine Mutter kriegt immer Panik, wenn es um Papiere geht. Ich auch. Aber mein Mann hat diesbezüglich schon sehr viel Missionarsarbeit geleistet. Im Gegensatz zu meiner Mutter habe ich nur eine einzige, winzige Kiste, in der ich alles aufhebe. Und ich kriege auch nur Panik, wenn die Steuererklärung fällig ist.

Bei meiner Mutter stapelt sich Papierkram an vielen Stellen. Quasi überall. Und das liegt wiederum daran, dass sie im Grunde alles wichtig findet. Tageszeitungsdoppelseiten mit Artikeln über Themen, die auch nur minimal mit mir oder anderen ihr nahestehenden Menschen zu tun haben, hebt sie auf. Nicht, dass sie den betreffenden Text deshalb einfach ausschneiden würde, nur um die Sache zu vereinfachen. Denn dabei müsste man ja die anderen auf der Seite befindlichen Artikel zerschneiden, die möglicherweise weitere, für irgendjemand in ihrem Umfeld wichtige Informationen bereithielten. Dass sie die ganze Seite aufhebt, hat zur Folge, dass sie dann erst mal wieder alle Artikel lesen muss, bevor sie weiß, weshalb sie das Blatt überhaupt aufgehoben hat. Übrigens: Nahestehende Menschen definiert sich in ihrem Fall wie folgt: Menschen, die ihr schon mal begegnet sind und etwas erwähnt haben, das sie sich gemerkt hat. Ja, das ist eine sehr liebenswürdige Eigenschaft und auch in der »Was

ich an ihr mag«-Liste zu finden, aber für ihr interne Altpapier-
politik eine Katastrophe.

Als Marias Konfirmation anstand, hatten wir eine lange Diskussion darüber, was man als Konfirmandin so in die Kirche anziehen darf. Ihre Vorstellung war quasi das Gegenteil von meiner
und beinhaltete ein sehr kurzes schwarzes Kleid und sehr hohe
Schuhe. Ich fand beides indiskutabel.

Um das Belegfoto meiner eigenen Konfirmation zu finden,
musste ich im Keller meiner Mutter danach suchen, weil ich es
sicherlich nicht aufgehoben hätte. Ich entdeckte dabei vor allem
Altpapier in Kisten, das ich gerne großzügig entsorgt hätte. Aber
ich durfte nicht. Weil nämlich in jeder der Kisten ihr TESTA-
MENT hätte sein können, das sie seit dem Umzug vor elf Jahren
sucht. Außerdem Fanpost von früher und seltsame Zeichnungen
aus meiner Grundschulzeit, die auf eine damalige fragwürdige
psychische Verfassung schließen lassen und die meine Mutter
nun endlich mal rahmen lassen und aufhängen wollte. Ich fand,
ein schöner Platz dafür wäre die Altpapiertonne gewesen. Meine Mutter meinte, ich spinne wohl. Sie müsste UNBEDINGT all
diese Altpapierkisten durchsehen, bevor ich sie entsorgen dürfe.
Man hat ja schließlich schon von Leuten gehört, die bei so einer
Gelegenheit MILLIONEN verloren haben. Ja, gefunden auch,
aber das waren andere. Schließlich muss die dann ja irgendjemand vorher dort versteckt haben, aber das lässt meine Mutter
nicht gelten.

Das Konfirmationsfoto haben wir übrigens gefunden.
Nach eingehender Prüfung meines sehr engen knöchellangen
hellblau-weißen Dirndls, der merkwürdigen Dauerwelle, der

Nickelbrille und der damit verbundenen akut einsetzenden Erinnerung an das Bewusstsein, sowohl in einem viel zu kleinen Kleid als auch in einem viel zu großen Körper zu stecken, fiel es mir plötzlich ganz leicht, mich mit Maria auf ein Kleid zu einigen, in dem sie sich wohlfühlte und (nebenbei bemerkt) auch sehr hübsch aussah. Es war tatsächlich schwarz, nicht ganz so kurz, wie sie es gern gehabt hätte, aber definitiv auch nicht so lang, wie ich es ursprünglich wollte. Und sie trug Ballerinas. Auch zu dieser Entscheidung trug das Foto bei, denn Maria bemerkte mit einigem Mitgefühl, dass ich nicht nur ein scheußliches Dirndl trug, sondern auch noch einen Kopf größer war als der Pfarrer. Und das sah trotz ihrer High-Heels-Sehnsucht selbst in ihren Augen überhaupt nicht erstrebenswert aus.

Der Apfel fällt eben manchmal doch sehr weit vom Stamm.

Wenn ich gewusst hätte, dass sie ihr altes Auto verkaufen will, hätte ich ja bei der Gelegenheit auch gleich nach den dazugehörigen Unterlagen suchen können. So bleibt nur zu hoffen, dass sie nicht im Keller gelandet sind.

»Also noch mal wegen der Papiere, da muss ich mal schauen ...«

»Ja, dann schau mal. Wie gesagt, Holger braucht sie morgen.«

»Wie bitte? MORGEN?!«

»Ja, morgen. Da wolltest du doch kommen.«

»Nein, also *das* schaffe ich unmöglich.«

»Äh, aber wieso nicht?«

»Ich bin doch gerade erst aufgestanden.«

»Ja und?« Es ist, wie immer bei unseren Telefonaten, noch vor neun. Der Tag ist noch lang. Wo ist das Problem?

»Ich muss jetzt erst mal zu Ali in die Bäckerei und einen Kaffee trinken. Also vorher kann ich gar nichts. Dann muss ich auf die Post, und danach wollte ich auf den Markt. Wenn ich zurückkomme, muss ich aber erst mal ins Schwimmbad, weil mein Rücken mir schon wieder wehtut. Heute Nachmittag wollte ich mal wieder in den Weinbergen einen Spaziergang machen, mit Mechthild, weißt du, die hab ich auch so lange nicht mehr gesehen und dann ... Also, ob das heute ...«

»Mama?«

»Ja?«

»Holger verkauft das Auto für *dich*. Er tut dir einen Gefallen. Würdest du also bitte nach den Papieren schauen?«

»Hm. Aber kann es nicht sein, dass er sie sowieso bei sich aufgehoben hat? Immerhin hat er den alten Smart ja auch für mich gekauft.«

»Mama, die Papiere sind definitiv bei dir.«

»Tja. Dann muss ich wohl mal schauen.«

Unbedingt muss man dazu sagen, dass meine Mutter sich ihrer Papierberge durchaus bewusst ist. Ja, sogar so bewusst, dass sie letztes Jahr Maria dafür gewinnen konnte, einige der Stapel zu sortieren. Es gab drei Kartons:

1. Muss gleich erledigt werden!
2. Kann ein bisschen warten
3. Kann weg

Marie Kondo, diese Aufräumkönigin aus dem Fernsehen, hätte gejubelt. Nach drei Tagen konnte man sowohl den Schreibtisch als auch den Fußboden des sogenannten Arbeitszimmers wieder sehen, und in den frühen Morgenstunden von Tag vier war alles sortiert.

Indes: Meine Mutter gestattete unter keinen Umständen, dass Maria die Papierkiste gleich mit auf den Wertstoffhof nahm. Wer weiß auch schon, ob sie nicht doch die Million übersehen hatte?

Kann ich dir das faxen?

»Ich hab sie!«, ruft meine Mutter triumphierend ein paar Stunden später in den Telefonhörer. Ich bin gerade beim Kochen und gedanklich zur Abwechslung mal mit der Mathearbeit beschäftigt, die Lilli heute zurückbekommen hat, und mit Williams Russischtest, den er morgen schreibt, und nicht gleich wieder im Thema drin.

»Du hast was?«

»Na, die Papiere!«

»Oh.«

»Wie ›Oh‹? Du tust ja fast so, als würde ich nie irgendetwas finden!« Sie klingt eindeutig beleidigt. Ganz dünnes Eis hier.

»Nein, also, doch, du … hast schon immer mal … auch was gefunden.« In meinen Gedanken sehe ich den Esstisch und die Stühle davor, auf denen sich Papiere stapeln.

Ich sage aber vorsichtshalber gar nichts, denn alles, was ich jetzt von mir geben würde, könnte – ja würde – garantiert gegen mich verwendet werden.

»Jedenfalls waren sie genau da, wo ich sie vermutet habe.« Ich kann ihren Stolz durchs Telefon hören.

»Ah ja? Und wo war das?«

»Auf dem Stuhl neben dem Kleiderschrank!«

Sie sind da, alles ist gut, sprechen wir nicht darüber. Sprechen wir auch nicht darüber, ob »der Stuhl neben dem Kleiderschrank« grundsätzlich ein idealer Aufbewahrungsort für Papiere jeglicher Art ist, aber meine Mutter hat sie dort gefunden, es ist immer noch rechtzeitig, und das mit der Ordnung ist ein grundsätzliches Thema. Über das man nur ganz vorsichtig sprechen sollte.

»Super. Dann bringst du sie also morgen mit?«

»Auf gar keinen Fall! Ich kann morgen nicht kommen.«

»Äh. Aber wir waren verabredet? Warum denn nicht?«

»Also hör mal! Ich war ja jetzt heute wegen der Papiere nicht im Schwimmbad!«

»Und?«

»Na, deshalb gehe ich morgen. Ich brauche das für meinen Rücken. Was sein muss, muss sein! Macht doch nichts! Ich könnte sie dir schicken. Oder warte: Ich habe eine bessere Idee!«

Meine Eltern waren, was technische Errungenschaften anging, immer sehr modern. Das lag vor allem an meinem Vater, der grundsätzlich neugierig auf alles reagierte, was wir heute als »neue Medien« bezeichnen würden. Er war sehr lange der älteste Facebook-User, der mir je begegnet ist, bis er mit neunzig beschloss, sein Profil zu löschen, weil – wie er sagte – ihm seine Lebenszeit dafür zu kostbar sei, um anderen Leuten dabei zuzusehen, wie sie ihre verschwendeten.

Wir hatten auch als Erste in unserem Umfeld einen Videorekorder und zwar so früh, dass wir die Variante vor VHS erwischten. Aus Sentimentalitätsgründen habe ich noch heute drei Filmkassetten des Alten Systems »Video 2000« aufbewahrt, die ich vermutlich nie anschauen werde, weil das Abspielgerät dafür zwar sehr früh der hellste Stern am Medienfirmament war, dann aber auch sehr schnell erlosch.

Beinahe bevor es das erste Fax-Gerät für zu Hause gab, hatte mein Vater es schon gekauft und faxte stolz alles, was nicht niet- und nagelfest war. Nebenbei bemerkt war die Zeit, in der Versicherungen und Co. ihre Kommunikationswege von der Post auf Fax umstellten, vermutlich auch die einzige Zeit, in der von unserer Seite aus angeforderte Unterlagen rechtzeitig und voller Stolz (nämlich per Fax) eingereicht wurden.

Meine Eltern hatten ein Fax, als noch keiner eines hatte – und haben es noch, obwohl keiner mehr weiß, was das ist.

Holger und ich haben hingegen nie eins besessen. Als unser Hausstand sich entwickelte, gab es nämlich schon E-Mail.

Meine Mutter steht allem Technischen eher skeptisch gegenüber, dafür geht sie gern zur Post. Ja, die Post in unserer Gegend ist sehr schnell und auch sehr zuverlässig. So schnell und zuverlässig, dass sie innerhalb von 24 Stunden hier ankommt, ist sie allerdings auch wieder nicht, das war ihr natürlich selbst klar. Die Alternative lag aber auf der Hand:

»Kann ich dir das faxen?«
»Ähm. Nein.«
»Warum nicht?«
»Na ja, wir haben kein Fax!«
»Oh.«
»Aber du kannst es mir mailen.«
»Nein, das kann ich nicht.«
»Warum nicht?«
»Weil ich es nicht kann!«

Meine Mutter hat sehr wohl ein Smartphone und zwar eines, das sehr benutzerfreundlich und neu ist. Die Fotos sind spitze, und ich traue ihr durchaus zu, die Kamera zu bedienen. Ganz so einfach, wie ich es mir vorgestellt habe, ist es aber dann doch nicht, denn zuerst müssen wir herausfinden, wie man das Smartphone auf Lautsprecher stellt und die Unterschiede zwischen E-Mail, SMS und Whatsapp klären. Aber als wir uns dann auf einen Kommunikationskanal geeinigt haben, braucht es nur noch sieben sehr verwackelte Selfies von meiner Mutter, bis sie die Kamera richtig herum eingestellt hat, sich erinnert, auf welchen Knopf man drücken muss und wie man das Bild an eine E-Mail-Adresse schickt. Damit kann Holger auf jeden Fall schon mal was anfangen. Ich bin sehr stolz auf meine Mutter.

»Siehst du, hat doch alles geklappt! Und schon wieder was gelernt, oder?«

»Ja, schon«, antwortet meine Mutter. »Aber jetzt brauche ich erst einmal einen Schnaps.«

Nachtrag:
Bei den Video-2000-Filmen handelt es sich übrigens um
- *Die Feuerzangenbowle* mit Heinz Rühmann
- *Die oberen Zehntausend* mit Grace Kelly
- und *Love Story* mit der unvergleichlichen Ali MacGraw.

Nur, falls jemand noch einen Rekorder zu Hause hat und mal den einen oder anderen Film für einen richtigen Video-Abend ausleihen möchte.

Computer und so

Abgesehen davon, dass wir als Erste ein Faxgerät hatten, hatte mein Vater auch sehr früh einen Computer. Den gibt es sogar noch. Leider.

Seit Jahren möchte ich meiner Mutter ein MacBook kaufen. Ich bin keine Computerfachfrau und gerate, was Rechner angeht, ziemlich schnell an meine Grenzen. Bei Viren oder sonstigen Komplikationen bin ich verloren, und es gibt in meinem Haushalt niemanden, der das kann. Um genau zu sein, bin ich die Technikbeauftragte hier, und das will echt was heißen. Aber mit Macs kann man wenig falsch machen. Also ich. Offensichtlich. Deshalb hätte ich gern, dass meine Mutter auch einen bekommt. Da kann ich zur Not auch aus der Ferne helfen.

»Ach, du immer mit deinem Apple! Als ob der so viel toller ist als meiner. Außerdem habe ich auch eine Mac-Tastatur!«

Das stimmt nicht. Die Tastatur meiner Mutter ist eine PC-Tastatur. Uralt, sperrig und mit merkwürdigen Tasten, die ich keiner Funktion zuordnen kann. Sie hat auch keinen Mac-Bildschirm. Sie hat überhaupt nichts, was ein Normalsterblicher einfach so bedienen kann.

»Ganz ehrlich: Die Tastatur ist mein geringstes Problem. Aber der Rechner ist uralt, und du kannst ihn nicht richtig bedienen.«

»Aber da ist alles drauf, und Stefan hilft mir, wenn ich nicht weiterkomme.« Will heißen, Stefan, ein Freund der Familie, der sich richtig gut mit Computern auskennt, muss jedes Mal kommen, wenn meine Mutter irgendwas mit ihrem Rechner machen will. Oder muss.

Und das muss sie, seitdem meine Mutter alleine lebt und für ihre Steuer, Buchhaltung und Krankenkassenabrechnungen selbst zuständig ist. Aber auch wenn es über alle Maßen schwierig ist, ihn nur anzumachen, will sie sich trotzdem nicht davon trennen, denn mein Vater hat ihn gekauft. Insgeheim habe ich sowieso den Verdacht, dass sie Sachen, die »einfach« zu erledigen sind, auch nicht wirklich besonders gut leiden kann.

Der Computer war schon zu meines Vaters Zeiten äußerst schwer zu bedienen, so vermuten wir, aber die beiden sind über die Jahre miteinander (und aneinander) gewachsen. Die Komplikationen haben sich ja auch erst im Verlauf entwickelt, während neue Soft- oder Hardware auf den Markt kam, die nur so halb kompatibel war. Das hat meinen Vater und seinen Computer eher noch enger zusammengeschweißt.

Die Beziehung war nahezu symbiotisch. Wenn er nicht irgendwelche schriftlichen Sachen daran zu tun hatte, spielte er Karten oder surfte im Internet.

Auf diesem Rechner war alles. Ist alles. Ob oder wo man es findet, ist allerdings die Frage. Denn wenn man das Ding erst mal zum Laufen gebracht hat, heißt das noch lange nicht, dass man die kryptischen Passwörter und merkwürdigen Namen, die mein Vater für jeden Ordner und jedes Dokument angelegt hat, entdeckt oder herleiten kann, was sich dahinter verbirgt.

Um ihn überhaupt zum Laufen zu bringen, muss man erst mal den Hauptstecker in die Steckdosen einstecken und zwei

Schalter an Mehrfachsteckdosen anschalten. Wenn dann das Geräusch eines landenden Düsenjets erklingt, ist das ein gutes Zeichen dafür, dass wenigstens die Hardware hochfährt.

Jetzt aber nicht zu früh gefreut, denn es fehlt immerhin noch der Bildschirm, der ebenfalls separat zu starten ist. Dieser Bildschirm ist circa zwei Quadratmeter groß, weil mein Vater dafür irgendeinen alten Fernsehbildschirm umgebastelt hat; der Hintergrund ist von einem intensiv strahlenden Blau, das sich leider nicht ändern lässt, und man kann auf ihm alles nur so vergrößert anschauen, dass man leicht den Überblick verliert, wenn man ihn je hatte, weil sich garantiert irgendein wichtiger Ordner außerhalb des eigenen Blickfeldes befindet. Der Hintergrund flimmert leicht und alles – jeder Buchstabe, jedes Bild, jeder Ordner – hat eine zarte, ebenfalls bunt flimmernde Aura.

Die Sinneswahrnehmung dieser ganzen bunten Pracht wird dadurch noch intensiviert, dass im Hintergrund ständig ein leichtes Summen zu hören ist, und ich bin mir beinahe sicher, dass man mit diesem Rechner auch Röntgenbilder erstellen kann. Einfach so.

Es gab auch mal einen Drucker, der aber mittlerweile entsorgt wurde, weil den niemand von uns bedienen konnte. Es hatte da mal vor ein paar Jahren irgendwelche Schwierigkeiten gegeben, die mein Vater auf seine Weise gelöst hatte: Er hat das Gerät repariert. Wer je mit ihm zusammengelebt hat, weiß, dass sehr viele Dinge, die er repariert hat, hinterher unwiederbringlich verloren waren. Ich habe noch sehr eindrückliche Erinnerungen an die Teemaschine, die Klospülung, den Waschbeckenablauf in der Toilette und die elektrische Versorgung der

Badezimmerbeleuchtung. Solche Dinge wurden von ihm mit Begeisterung kurz vor irgendwelchen Urlauben so nachhaltig und gründlich »repariert«, dass wir erst Stunden später aufbrechen konnten und auch das ein oder andere Flugzeug verpasst haben. Na ja.

Seine Technik war dabei äußerst ausgefeilt und beinhaltete grundsätzlich Wäsche- und Büroklammern sowie Paketschnur und jede Menge Flüche. Sein »Herrgottsakra!« habe ich immer noch im Ohr, dabei sind diese fröhlichen Stunden der Produktivität auch schon wieder mindestens dreißig Jahre her. Seine Laune war danach immer ... unglaublich.

Umso froher muss es ihn gestimmt haben, dass er seinen Rechner in seinem Arbeitszimmer ganz allein zum Laufen gebracht hat, und es würde ihn bestimmt mit sehr großem Stolz erfüllen, dass dieses Monstrum immer noch läuft. Doch die Stabilität der ganzen Sache ist äußerst fragil. Ich kann trotzdem verstehen, dass meine Mutter »auf gar keinen Fall« irgendetwas daran verändern will. Das heißt, sie will schon. Aber sowohl um den Rechner zu erhalten als auch um ihn abzubauen, braucht sie sehr viel Mut. Man weiß schließlich nie, ob er einem um die Ohren fliegt und womöglich Wände zum Einstürzen bringt.

Einen neuen Drucker braucht sie aber dringend. Einen neuen kaufen, ihn an den Rechner anschließen und ihn danach anschalten, kann meine Mutter bestimmt. Ganz sicher. Dann kann ich ihr ein Formular schicken, sie druckt es aus und hat alles, was sie braucht. Es ist nur ...

»Hallo Mama, alles gut? Hat das geklappt mit dem Ausdrucken?«

»Hallo Lucinde, eh, nein, das … das geht leider doch nicht.« Sogar durchs Telefon höre ich das leise Summen des Rechners. An ihm kann es nicht liegen.

»Warum nicht?«

»Es gibt keine Steckdose.« Vor meinem geistigen Auge erscheinen die vielen Mehrfachsteckdosen, die auf und unter dem Schreibtisch installiert sind.

»Aber …«

»Ich meine die am Computer.«

»Ah.«

»Das ist alles besetzt.«

»Hmm.«

»Aber was hältst du davon, wenn ich diesen einen Stecker rausziehe, der da hinten dran ist, und bei dem man nicht so genau sehen kann, wohin er führt, weil er hinter dem Schreibtisch …«

»Nein, das halte ich für keine so gute Idee.« Ich bilde es mir womöglich nur ein, aber es hört sich so an, als würde das Summen im Hintergrund ein wenig lauter.

»Aber wieso nicht? Das ist doch sowieso eines von den Kabeln mit einer Büroklammer dran. Weißt du, eines von denen, die dein Vater mit der Paketschnur …?« Mir wird ein bisschen warm hier.

»Mama? Lass bloß die Finger davon.« Das Summen ist zu einem Brummen geworden.

»Du, Lucinde?«

»Ja?« Ich höre sie kaum noch. Das Brummen ist zu einem Dröhnen geworden.

»Zu spät!« Hab ich mir beinahe gedacht.

»Du bist nicht zufälligerweise in der Stadt und könntest vorbeikommen?«

Nachtrag:
Nein, ich bin nicht zufälligerweise in der Stadt.

Aber natürlich kann ich trotzdem bei ihr vorbeischauen.

Die Wände stehen noch, als ich bei meiner Mutter ankomme. Es ist auch nichts passiert. Wirklich. Nichts. Der einzige Unterschied zu sonst ist, dass der Bildschirmhintergrund nicht mehr strahlend blau, sondern nun tief rosa ist. Auch schön. Der Drucker ist zwar sachgemäß eingesteckt, wird aber trotzdem nicht angezeigt. Dass es mich einmal froh machen würde, wenn ein Rechner so gar nicht mehr reagiert, hätte ich auch kaum für möglich gehalten. Allerdings wäre die Alternative ja dann doch nicht so richtig der Brüller gewesen. Ob ich den Rechner noch zum Laufen bekomme, steht völlig in den Sternen, wie oft mir das gelingt, erst recht, und was das nächste Mal passiert, wenn meine Mutter an einem Kabel mit Büroklammer zieht, sowieso. Besser also, ich freue mich darüber, dass das Haus noch steht und meine Mutter noch lebt, packe das Ding jetzt ein und mache einen netten kleinen Ausflug zum Wertstoffhof. Die Wäsche- und Büroklammern, Kabel und Paketschnur nehme ich auch gleich mit. Ich freue mich richtig darauf. Und ganz ehrlich: Es macht mich beinahe ein bisschen sentimental, wieder einmal dort hinzufahren.

E-Bikes

»Lucinde, sag mal, bist du demnächst zufällig mal wieder hier in der Nähe?« Meine Mutter ruft mich an, als ich gerade dabei bin, den Keller und die Garage so aufzuräumen, dass man wieder gehen kann. Sagen wir so: Es ist eine größere Herausforderung als gedacht.

»Ähm, nein, zufällig bin ich nicht da, aber ich könnte dich natürlich besuchen kommen. Warum?«

»Na ja, ich habe bemerkt, dass ich da zwei E-Bikes im Keller habe.« Meine Mutter scheint den gleichen Gedanken gehegt zu haben wie ich. Ich kenne ihren Keller und ihre Garage. Da steht jeweils so viel Zeug rum, dass man schon mal was übersehen kann. Aber zwei Fahrräder?

»Du hast zwei E-Bikes *bemerkt?* Sind aber schon deine, oder?«

Ich höre entrüstetes Schnauben am anderen Ende des Telefons. »Ja, natürlich sind das meine. Ich hatte sie nur vergessen.«

»Verg... okay. Und jetzt möchtest du eine Fahrradtour mit mir machen?« Ich überschlage kurz, wie lange ich hier wohl noch beschäftigt sein werde. Bis zum Wochenende in drei Tagen könnte ich so weit fertig sein, dass ich mir schon mal eine Fahrradtour mit meiner Mutter gönnen könnte.

»Also, ja, das können wir schon machen, wenn du das willst.«

Richtige Begeisterung allerdings sieht anders aus, oder?

»Ich dachte, du hast mich angerufen, weil du zwei E-Bikes ...«

»Ja, schon, aber ich will mit dir ja keine Fahrradtour machen, sondern ich will sie dir schenken. Wenn du sie haben möchtest.« *Äh?*

»Das ist wirklich lieb von dir, aber irgendwie fühle ich mich noch zu jung für ein E-Bike. Wieso hast du die überhaupt übrig? Und ausgerechnet zwei?«

»Ich hab die doch nicht übrig! Ich will dir doch nur was Gutes tun. Die Bikes habe ich mal mit deinem Vater vor ein paar Jahren gekauft. Das muss so ungefähr 2005 gewesen sein. Da waren die top! Wie neu! Wir sind, wenn es hoch kommt, zehnmal gefahren.«

»Aha. Und jetzt?«

»Jetzt sind sie immer noch top!«

»Nein, das meine ich doch gar nicht. Ich wollte doch nur wissen, warum du nicht wenigstens deines behalten willst. E-Bike fahren macht doch auch alleine Spaß. Vor allem mit einem Top-Rad.« Ich grinse.

»Ach ja? Es macht also Spaß? Dann ist ja gut. Ich habe nämlich irgendwie gedacht, du seiest noch zu jung dafür.« Sie kichert.

»Ja, schon. Aber ich spreche ja auch von dir! Und wenn es dir darum geht, dass du nicht alleine fahren willst, wie gesagt, ich kann dich auch besuchen und mit dir fahren.«
»Dann findest du E-Bikes also doch nicht so doof?«

»Nein, natürlich nicht, es ist nur, ich ...«

»Das ist doch großartig. Ich schenk dir beide. Dann kannst du ja mit Holger fahren.«

»Ja, aber ... Holger und ich haben jeweils schon ein Rad. Und ich weiß nicht, ob ...« Ich stelle mir vor, wie ich meinem Mann erkläre, dass wir jetzt E-Bike-Touren machen, dass wir noch zwei weitere, ziemlich sperrige Gegenstände in unserer Garage unterbringen müssen und dass ich nicht weiß, wie ich da wieder hineingeraten bin. Wir haben eigentlich überhaupt keinen Platz für die Räder. Meine Mutter liest mal wieder meine Gedanken.

»Gut, wenn du sie nicht willst, dann kannst du sie ja verkaufen!«

»Ich soll sie ...?«

»Ja, du holst sie ab, nimmst sie mit zu dir und verkaufst sie – und das Geld kannst du behalten. Das ist doch toll!«

Ja, das ist toll und sehr großzügig, aber so ganz verstanden habe ich trotzdem nicht, worauf sie hinausmöchte und warum sie nicht wenigstens eines behält.

»Na, das ist doch ganz einfach! Dann habe ich endlich wieder Platz in meiner Garage, außerdem wollte ich mir sowieso im Frühjahr ein neues Rad kaufen.«

»Äh, du wolltest ...?« Was? Ich verstehe gar nichts mehr. Aber meine Mutter hat sich alles genau überlegt.

»... Ganz genau. Aber dann kaufe ich mir ein normales, sportliches Fahrrad. Denn wenn hier jemand zu jung für ein E-Bike ist, dann bin das ja wohl ich.«

Nachtrag:
Die E-Bikes waren sicher einmal großartig. Und dass sie kaum gefahren worden sind, sieht man. Sie sind top in Schuss, nur ein bisschen groß und sperrig, weil ... nun ja, so ungefähr 15 Jahre alt eben. Mein Mann war ... uh ... auch total begeistert, dass er noch etwas in die Garage stellen sollte, was er eigentlich nicht haben wollte. Also, falls jemand zwei Stück haben möchte? Bitte schnell melden. Ich mache auch einen guten Preis!

Humor ist, wenn man trotzdem lacht: Schönes und Trauriges

Vorbilder

»Mama, können wir mal über Vorbilder sprechen?«

»Oh. Vorbilder. Hm. Schwierig. Also Vorbilder im Sinne von …?«

»Na ja, Menschen, die dich geprägt haben eben.«

»Uh, da fällt mir jetzt niemand ein. So auf die Schnelle.«

»Muss ja nicht schnell sein.«

»Schon klar. Hm. Wen hast denn du?«

»Wen ich …?«

»Ja, genau.«

»Ich würde auf jeden Fall Gandhi nehmen. Ihr habt mich damals zur Premiere in Stuttgart zu dem Film mitgenommen, und seitdem habe ich alles über ihn gelesen, was mir in die Finger gekommen ist. Den fand ich schon immer toll. Ich glaube, er war mein erstes richtiges, echtes Vorbild. Weißt du noch?«

»Ja. Stimmt. O ja, Gandhi ist wirklich ein großes Vorbild. Den nehm' ich auch! Oder ist das jetzt verboten, nur weil du den auch hast?«

»Nein, überhaupt nicht. Ich bin sicher, den haben außer uns beiden noch viele andere auf ihrer Liste.«

»Wen nimmst du noch?«

»Mama, jetzt denk doch mal selbst nach!«

»Ach Lucinde, einen noch! Bitte?«

Ich muss lachen.

»Okay, okay. Ich würde noch meine Deutschlehrerin aus der Sechsten nehmen. Frau Stotz.«

»Frau Stotz? Hieß die nicht Stütz?«

»Nein, die …«

»Oder warte, sie hieß doch Tietze! Und war sie nicht deine Klassenlehrerin in der Grundschule? Die, die als Erste gesagt hat, dass es okay ist, Linkshänder zu sein, und die dir sogar das Stricken beigebracht hat?«

»Nein, ich meine immer noch Frau Stotz. Sie fand meine Aufsätze klasse, und außerdem war sie so … authentisch.«

»Authentisch? Echt, das hast du schon in der Grundschule …«

»Nein, in der Sechsten! Und ich habe sicher nicht gedacht, dass sie authentisch ist, sondern eher so was wie toll. Respektvoll. So was eben.«

»Ah ja. Na ja. Aber Frau Tietze war auch ziemlich … authentisch, oder?«

»Ganz bestimmt. Ich erinnere mich leider nicht mehr so ganz genau an sie.«

»Aber ich! Ich fand sie …«

»Ja, schon gut. Hattest du vielleicht auch mal einen Lehrer oder eine Lehrerin, die dir besonders gut gefallen haben?«

»Ja! Gut, dass du es sagst, Lucinde, da fällt mir mein Mathe- und Physiklehrer ein. Den nehm ich! Dann hab ich schon zwei!«

»Prima. Und wie hieß der?«

»Ich glaube, er hieß Schneider. Aber der Name war auch nicht so wichtig. Wichtig ist vor allem, dass ich echt schlecht in seinen Fächern war. Aber er hat mich immer trotzdem mit Respekt behandelt und mich motiviert, bis ich irgendwann eine Drei geschrieben habe. Der war auch sehr … authentisch.«

»Lehrer, die an einen glauben, sind großartig, oder? Deshalb fand ich ja Frau Stotz auch so toll.«

»Sie hieß Tietze!«

Jenseits ihres namenlosen Mathelehrers und Mahatma Gandhi gab es aber doch einige Menschen, die meine Mutter nachhaltig beeindruckt und geprägt haben. Dabei sind es nicht nur große, berühmte Persönlichkeiten, die einen prägenden Eindruck hinterlassen haben. Sondern auch die Menschen in ihrem unmittelbaren Umfeld, die sich im Umgang mit anderen besonders und beeindruckend verhalten haben. In den nächsten Tagen ruft sie mich immer wieder an, um ihre Liste diesbezüglich zu ergänzen.

• Pauline Frisch, ihre Mutter: Weil sie sich bis ins hohe Alter immer weiterentwickelt hat. Sie wurde beinahe hundert Jahre alt und reiste, lernte Menschen kennen und blieb ihr Leben lang neugierig.

• Hans Ulrich Reichert, mein Vater und ihr Ehemann: Weil er es trotz seiner Schlaganfälle geschafft hat, seinen Humor zu bewahren.

• Erwin Heinle, ein Freund meiner Eltern, Architekt und Hochschullehrer: Er hat immer alles ganz intensiv durchdacht, bevor er darüber gesprochen hat. Der Respekt, mit dem er jeden Menschen behandelt hat, und seine Intelligenz haben meine Mutter nachhaltig beeindruckt.

• Martin Luther King, Friedensaktivist: Für den Mut, für seine Werte zu kämpfen.

• Dr. Elisabeth Schwarz, eine enge Freundin meiner Eltern und Leiterin des Fernseh-Familienprogramms beim Süddeutschen Rundfunk: Weil sie sich immer ganz klar positioniert hat, und obwohl sie vor allem mit Männern zu tun hatte, hat sie sich nicht einschüchtern lassen, ist offen geblieben für Ungewöhnliches und hat Dinge gewagt.

- Lore Vaut, eine der ersten Trainerinnen meiner Mutter, die ihr das Gefühl vermittelt hat, dass alles möglich ist, wenn man nur will – und daran glaubt.

Liebe geht durch die Niere

»Sag mal, wenn du noch mal von vorne anfangen könntest, was würdest du anders machen?«, frage ich meine Mutter, als wir bei ihr am Esstisch sitzen und alte Fotos vor ihr raussuchen.

»Was meinst du damit?«

»Na, findest du, du hast etwas verpasst in deinem Leben? Also, wenn du noch mal 17 wärst, zum Beispiel, würdest du trotzdem so viel Sport machen, dass du ...«

Die Augen meiner Mutter leuchten. »Oh, ja, mit 17, da habe ich echt viel trainiert. Stimmt schon. Aber wir waren auch eine unglaubliche Truppe! Wir waren ständig unterwegs. Überhaupt waren meine Anfangsjahre im Sport toll. Die Olympischen Spiele in Tokio. Das musst du dir mal vorstellen! Diese vielen großartigen Sportler aus der ganzen Welt, das Olympische Dorf, diese unglaubliche Reise und wir mittendrin.« Ihr Blick verklärt sich. »... und dann dieser eine schöne Mann aus ...«

»Ein schöner Mann? Damit meinst du aber nicht Papa, oder?«

Mein Vater bedeutet mir wirklich viel, und ich liebe ihn von Herzen – aber schön?

»Nein, doch nicht Papa!« Sie lacht. Moment. *So* abwegig ist die Frage ja nun auch wieder nicht.

»Du bereust es aber nicht, dass du ihn geheiratet hast, oder?« Immerhin war sie 27, als die beiden sich kennengelernt haben, und er war mit 47 nahezu ein Greis.

»Hast du je darüber nachgedacht, dass ein jüngerer, sportlicher und überhaupt ein anderer Mann vielleicht besser für dich gewesen wäre?«

»Natürlich, Lucinde!«

»Wie: *Natürlich, Lucinde?*« Immerhin habe ich immer geglaubt, dass meine Eltern eine sehr glückliche, oder sagen wir mal, skandalfreie Ehe geführt haben. Hier tun sich ja Abgründe auf, in die ich gar nicht schauen wollte!

»Das ist doch normal! Hast du da nie drüber nachgedacht?«

»Dass ein jüngerer, sportlicherer ...? Nein? Und Holger ist genau drei Jahre älter als ich. Das ist schon ein Unterschied, oder?«

»Man kann auch mit Mitte zwanzig schon ein echt alter Knacker sein.« Da hat sie allerdings recht.

»Dann hast du ihn also schon geliebt?« Puh. Abgrund überwunden.

»Wen? Deinen Vater?« Oder doch nicht.

»Ja, genau den.«

»Also geliebt ... Eine Niere hätte ich ihm auf jeden Fall gespendet.« Sie lacht.

»Mama!«

»Was denn? Würdest du das für deinen Mann nicht tun?«

»Doch schon, aber das tut doch hier gar nichts zur Sache!«

»Wenn man eine Niere braucht schon.«

»Und?«

»Hat er aber nicht.« Wie kamen wir nur an diesen Punkt des Gesprächs?

»Wir haben trotzdem geheiratet und diese Reise gemacht.«

»Welche Reise denn?«

»Na, die, in der die Putzfrau die Pille geklaut hat. Und dann kamst du. Zusammengefasst.«

»Na ja, und?«

»Was und?«

»Bereust du es? Oder irgendetwas davon?«

»Natürlich nicht.« Empört schüttelt sie den Kopf. »Das Beste ist doch: Ich hab dich – und immer noch beide Nieren.«

Nachtrag:

Meine Eltern waren fünfzig Jahre verheiratet. Jede Ehe ist ein Wagnis, und die beiden haben sich darauf eingelassen, obwohl ein Altersunterschied von zwanzig Jahren ja wirklich eine ganz schöne Nummer ist. Wenn meine 18-jährige Lilli jetzt mit einem Enddreißiger ankommen würde, müsste ich wirklich ganz schön an meiner Souveränität und Toleranz arbeiten. Vielleicht hat mein Vater es seiner jungen Ehefrau oder seiner noch jüngeren Tochter zu verdanken, dass er selbst bis weit über neunzig aktiv, neugierig und offen geblieben ist. Meine Mutter hat recht: Man kann auch schon mit zwanzig ein echt alter Knacker sein. Und mit neunzig ein junger Mann. Zumindest innen drin – und darauf kommt es schließlich an.

Mein Vater, der Held

Ich würde sagen, meine Eltern waren sehr glücklich verheiratet. Auch wenn ihre Art der Eheführung ganz und gar nicht meine ist. Meine Mutter hat meinen Vater sein Leben lang geradezu angehimmelt. Er war der Größte. So kam es mir als Kind jedenfalls vor. Nach ihm kam lange nichts und dann irgendwann sie und ich. Ich habe schon oft mit ihr darüber gesprochen, und jedes einzelne Mal hat sie sich gegen meine Beobachtung gewehrt. Sie ihn angehimmelt? Niemals. Da müsse ich mich schon sehr täuschen. Und woran ich das überhaupt festmachen würde? Abgesehen davon, dass ich sicherlich auch nicht alles über ihre Beziehung weiß, steht es mir absolut nicht zu, darüber zu urteilen. Ganz besonders, da es so etwas wie die ideale Ehe vermutlich sowieso nicht gibt. Doch an jeder Beziehung kann man arbeiten. Und das muss man auch, soweit ich das begriffen habe. Aber so wie meine Eltern zu leben, selbst wenn es für sie funktioniert hat, nein, das widerspricht mir total und ist absolut nicht mein Konzept.

»Was meinst du denn damit, Lucinde?«

»Na ja, dieses: Mein Mann ist die absolute Nummer eins, dann kommt lange nichts, ich muss ihn bekochen, ich muss ihn verwöhnen und er ...«

»Also, na hör mal, dein Mann würde sich sicher auch darüber freuen, wenn du ihn ab und zu verwöhnen würdest!«

»Mutter!«

»Was denn?«

»Worüber sprechen wir denn gerade?«

»Nicht, was du denkst! Ich meine einen geschnittenen Apfel am Arbeitsplatz. Einen Kaffee nach dem Mittagsschlaf und ...«

»Aber mein Mann kann sich selbst seinen Kaffee machen und den Apfel schneiden. Das konnte Papa doch sicher auch?«

»Also, ich glaube, er hätte es schon gekonnt ...«

»Siehst du? Das meine ich. Er hat ja gar keine Chance gehabt, aus diesem Klischee herauszukommen. Und außerdem hast du mir nie einen Apfel ...«

»So ein Quatsch! Ich habe dir mindestens tausend Äpfel geschnitten. Sag mal, bist du etwa eifersüchtig?«

»Ich?« Auf meinen Vater? Ich doch nicht. Niemals. Gut, vielleicht ein winziges bisschen.

»Ja, aber Lucinde, du darfst auch nicht vergessen, dass das auch andere Zeiten waren, damals.«

»Wie, damals? Du hast das doch total freiwillig gemacht, und wenn Papa auch nur die Küchentür anvisiert hat, hast du ihn gezwungen, sich hinzusetzen, bis du ihm was zu essen gebracht hast. Vielleicht hätte er es ja durchaus geschafft, sich selbst Brot und Käse zu holen?«

»Du übertreibst!«

»Ich übertreibe nicht! Dass er sich seine Brote selbst streichen durfte, war sicher ein unglaubliches Zugeständnis. Was ist denn mit der Frauenbewegung? Gleichberechtigung? Alice Schwarzer?«

»Nein, er hat mich natürlich nicht dazu gezwungen. Ich hab das schon freiwillig gemacht. Meine Mutter hat mich eben so erzogen, und man kann nicht einfach aus seiner Haut, nur weil es vielleicht nicht immer notwendig gewesen wäre, ihm das eine oder andere abzunehmen.«

»Das eine oder andere? Mama! Du hast mich doch auch erzogen, und ich würde niemals ...«

»Gut, manchmal geht der Schuss eben auch nach hinten los.«

»Willst du mir ernsthaft damit sagen, dass du das genau so wolltest? Ich meine, dass mein Vater, dein Mann, die Küche nie betreten hat?«

»Aber das stimmt doch gar nicht. Er war schon in der Küche.«

»Ach ja?«

»Ja.«

»Und was hat er da gemacht?«

»Na ja, irgendwas aus dem Kühlschrank geholt, vermutlich.«

»Großartig. Er hat was aus dem Kühlschrank geholt.« Ich muss lachen. »Gekocht hat er jedenfalls nicht.«

»Aber er hat es versucht.«

»Puh. Und wir wissen ja, wie das geendet ist. Ich glaube, er hat das mit Absicht gemacht.«

»Was meinst du?«

»Na, dass er sich so miserabel angestellt hat, dass wir alle gehofft haben, dass er keinen zweiten Versuch unternimmt. Weißt du noch, als er ganz großartig Reis kochen wollte, aber einfach nicht glauben konnte, dass zwei Tassen für drei Personen mehr als genug sind? Und wir dann wochenlang Reis essen mussten? Mit Gemüse? Als Milchreis? Gebraten? Als Salat?«

»Du übertreibst! Es waren höchstens ein paar Tage. Und Reissalat gab's bei uns nie. So was mochte dein Vater überhaupt nicht. Da wäre ja Paprika drin gewesen und Gurke. Gurke hat er wirklich gehasst. Wie du, stimmt's?«

»Ich habe nichts gegen Gurke. Ich mag nur keine Birnen.«

»Ach, ja richtig.«

»Jedenfalls sind mir seine ›Kochkünste‹ im Gedächtnis geblieben. Genauso, wie sein Versuch zu backen. O Mann, erinnerst du dich noch an die eine Kokosmakrone, die er mal gemacht hat?«

»Gut, konnte er ja nicht wissen, dass man das ... mit weniger Eiweiß, weniger Kokosflocken und weniger ... von allem macht.«

»... Und dass man nicht die komplette Schüssel mit den Zutaten auf das Blech gießt, weil das dann eine klitzekleine Sauerei geben könnte!«

»Na ja, ›klitzeklein‹ ist vielleicht doch ein bisschen untertrieben.«

»Ach, echt? Daran kannst du dich also erinnern?«

»Selbstverständlich! Immerhin habe ich ja versucht, das Ding wieder zu putzen!«

»Und? Ist es dir gelungen?«

»Das weißt du ganz genau, Lucinde. Aber ich habe danach einen wunderschönen neuen Backofen bekommen.«

»Also, den alten konnte man ja aber auch wirklich nur noch entsorgen. Glaubst du eigentlich, Mama, dass er das mit Absicht gemacht hat?«

»Hm. Nein. Ich glaube, er konnte wirklich weder kochen noch backen. Wobei: Vielleicht war doch ein winziges bisschen Absicht dabei. Er war ja wirklich auch ein sehr kluger Mann.«

Nachtrag:
Egal, wie unsere Gespräche verlaufen: Am Ende ist mein Vater eben doch immer wieder der Held. Für mich ist das völlig

in Ordnung. Die beiden waren fünfzig Jahre verheiratet, und es hat funktioniert. Ich hatte ja außerdem nicht nur das zweifelhafte Vergnügen, den Kochkünsten meines Vaters beizuwohnen, sondern ich habe auch gesehen, wie liebe- und hingebungsvoll meine Mutter sich um ihn gekümmert hat, als er das nicht mehr selbst konnte. Und ich habe gespürt, wie sehr sie ihn gerade auch in dieser Zeit bewundert hat. Also selbst, wenn das Ehekonzept meiner Eltern nicht meines ist: Wenn ich dadurch die Möglichkeit hätte, meinen Mann, mein, sein, unser gemeinsames Leben lang so anschauen zu dürfen, dann wäre es glatt einen Versuch wert. Wobei: Ich glaube, auch ich kann nicht aus meiner Haut.

Mein Vater, oder:
Wege entstehen dadurch,
dass man sie geht

Ja, als mein Vater starb, war das für uns alle ein Schock. Natürlich haben wir damit gerechnet, immerhin war er 97 Jahre alt, lebte seit etwas mehr als einem Jahr im Pflegeheim und hatte drei Jahre zuvor zwei Schlaganfälle gehabt.

Aber ein Mensch, der so noch mit neunzig Jahren mit dem Wohnmobil durch Neuseeland fährt und im Begriff ist, eine weitere Wohnmobilreise durch Kanada zu machen, bei dem kann man sich einfach nicht vorstellen, dass er sich von irgendetwas bremsen oder gar aufhalten lässt.

Wenn man wie ich mit einem Vater aufwächst, der schon bei der eigenen Geburt fünfzig ist, steht eine Frage immer im Raum. Und zwar sowohl für ihn als auch für das Kind. Sie beginnt mit »Wird er noch da sein, wenn ...« und endet wahlweise mit:

»... ich 18 werde«, »... mein Studium beende«, »... heirate«, »... Kinder kriege« und vielen weiteren.

Mein Vater hat sich diese Frage oft selbst gestellt und mir so auch begründet, warum ich keine jüngeren Geschwister habe, dabei hätte meine Mutter sehr gerne noch mehr Kinder gehabt – und ich natürlich sowieso einen kleinen Bruder oder eine kleine Schwester.

Mein Vater ist 1921 geboren, war also 1939 schon alt genug, um eingezogen zu werden. Da er aber extrem kurzsichtig war, wurde er »nur« Berichterstatter. Obwohl ihn eine Kugel traf und er großes Glück hatte, den Lungendurchschuss überhaupt zu überleben, behielt er diese Aufgabe dennoch bis 1945.

Ich erinnere mich sehr genau an die große Narbe unter seinem linken Schlüsselbein und hinten unter dem Schulterblatt. Er hat wenig über diese Zeit gesprochen – aufgeschrieben hat er aber einiges. Dabei bemühte er sich, auch komische und lustige Situationen in all dem Leid zu entdecken. So höre ich nicht nur seine Stimme, sondern auch sein Lachen, wenn ich diese Texte lese. Dass er mir die Begeisterung fürs Beobachten und Schreiben vererbt hat, liegt bestimmt auch daran, dass beides ganz wesentliche Bestandteile seines Lebens waren.

Nach dem Krieg blieb er als Redakteur bei der Zeitung und beim Hörfunk (Fernsehen gab es damals schließlich noch nicht), aber ab 1954, als der Süddeutsche Rundfunk in Stuttgart auf Sendung ging, war er dort Sendeleiter, Produzent und später dann bis zu seiner Pensionierung 1983 Produktionschef.

Da war ich 13. Es ist bestimmt kein Kinderspiel, als Fünfzigjähriger Vater zu werden. Aber dazu kann ich nur eines sagen: Er hat sich freiwillig für eine späte Vaterschaft entschieden. Ich hätte mir zwar keinen anderen Vater vorstellen können oder auch gewünscht, aber derselbe, nur zehn bis zwanzig Jahre jünger, wäre schon nicht schlecht gewesen. Sein fortgeschrittenes Alter hatte nämlich zur Folge, dass er in Rente ging, als bei mir die Hormone übernahmen. Mitten in der Blüte der Pubertät als Einzelkind plötzlich beide Elternteile ständig um sich zu haben (und noch dazu einen Vater, der bis vor Kurzem eine riesige Sendeanstalt gemanagt hat), ist auch nicht gerade einfach. Oder, um es ganz genau zu sagen: Es ist grauenhaft. Sowohl für den Teenager als auch für den Neu-Rentner. Ja, wir hatten harte Jahre. Eines, um genau zu sein, denn mein Vater beschloss, noch einmal zu studieren und promovierte dann schließlich auch noch, während ich mich durch die neunte Klasse quälte. Zweimal. Ahem.

Glücklicherweise hatte er auch noch andere Hobbys. Er besaß nicht nur den Ballon-Pilotenschein, sondern auch einen eigenen Ballon. Ja, das hört sich ziemlich verwegen an, abenteuerlich und toll, und die vielen Gäste, die er da oben in den über tausend Stunden in der Luft mit seinem Ballon durch die Gegend fuhr, waren auch allesamt begeistert. (Kleine Zwischeninformation meines Vaters an dieser Stelle: Es heißt tatsächlich Ballonfahren und nicht -fliegen, auch wenn das Ganze in der Luft stattfindet. Denn alles, was leichter ist als Luft, fährt. Sagt ja auch keiner, dass er einen fliegen lassen hat, oder? ☺)

Für diese Ballonfahrerei braucht man allerdings auch eine Crew. Jemanden, der hilft, den Ballon aufzurüsten, und jemanden, der mit dem Auto und dem Hänger hinterherfährt, um Ballon und Gäste wieder irgendwo einzusammeln. Auch wenn mein Vater sicher das Gegenteil behaupten würde: Man weiß vorher nie, wo dieser Landeplatz ist. Als Ballonverfolger fährt man also ziemlich oft auf Feldwegen und/oder gerne auch mal über verbotene Pfade, mit dem Piloten durch das Funkgerät verbunden und ständig mit einem mehr oder weniger hektischen »Bravo Tango Kilo für Verfolger, kommen!« im Ohr.

Abgesehen davon ist Ballonfahren natürlich wunderschön, wenn man einmal oben ist. Und dafür ist der frühe Morgen ideal. Am besten zum Sonnenaufgang, aufstehen um vier am Wochenende inklusive. Eher kein geeignetes Mittel, um Pubertierende glücklich zu machen. Meine Mutter wurde nicht wirklich gefragt. Sie war ein fester Bestandteil der Crew, ob sie wollte oder nicht. Sie wollte nicht wirklich, aber das stand ja nicht zur Debatte. Als mein Vater schließlich den Ballon verkaufte, war er achtzig. Und keine Versicherung wollte mehr für ihn bürgen. Er war deshalb, glaube ich, schon ziemlich geknickt. Und meine Mutter hatte allergrößte Mühe, ihre Freude zu verbergen.

Doch das Ballonfahren war nicht das Einzige, was ihn im Alter noch antrieb: In dieser Zeit war er in Namibia, Estland und Sibirien unterwegs, um sie dabei zu unterstützen, deren Rundfunk- und Fernseh-Angebot auszubauen. Außerdem half er, Programme zu entwickeln, die Menschen in sehr abgelegenen Landstrichen Südamerikas Lesen und Schreiben beibringen sollten. Nach meinem Abitur verbrachten meine Eltern die Hälfte mehrerer Jahre in Bolivien und gründeten mit den Nonnen der Universidad Evangélica Boliviana dort eine Bibliothek. Der Ehrenprofessor, den sie meinem Vater verliehen, erfüllte ihn mit genauso großem Stolz, wie das Bild, das sie dort von ihm malen ließen.

Das wiederum gefiel auch meiner Mutter sehr gut. Schließlich hatte sie auf der Dolmetscherschule Spanisch gelernt und konnte jetzt endlich auch mal was. Das war nicht nur großartig, weil es eben so war, sondern auch, weil mein Vater dazu neigte, in Situationen zu geraten, in denen es von Vorteil ist, wenn man die Sprache spricht.

So blieben sie beispielsweise zu einem Zeitpunkt, an dem noch mehr Regen erwartet wurde, in einem Fluss stecken, der wegen Überflutung nicht durchfahren werden sollte, weil Worte wie »eigentlich« im Wortschatz meines Vater noch nie wirklich gezählt hatten. Meiner Mutter gelang es, einen Bauern dazu zu bewegen, sie aus den Wassermassen zu ziehen. Mein Vater dankte allen Beteiligten und stürzte sich in das nächste Abenteuer. Im wahrsten Sinne des Wortes, denn er blieb mit dem Fuß beim Gehen in der Schlaufe eines Müllsacks hängen, stolperte und brach sich das Jochbein – einen der kleinen Knochen im Gesicht. Er sah aus wie Rocky Balboa nach seinem schlimmsten Kampf. Meine Mutter zog wieder einmal los und fand jemanden, der ihn wieder zusammenflickte. Wie einem so etwas passieren kann, ist mir zwar schleierhaft, aber gut, ich bin schon über eine Hundeleine gestolpert und habe mir dabei den Ellenbogen zerschmettert, also bin ich wohl besser still.

Natürlich waren die Spanischkenntnisse meiner Mutter nicht nur aus solchen Dramagründen super, sondern sie halfen auch im dortigen Alltag. Kein Wunder, dass sie diese Sprachkenntnisse nun noch weiter ausbauen möchte.

Und es ist auch kein Wunder, dass sie die Vokabeln für »Notfall!«, »Hilfe!«, »Ja, ich kenne diesen Mann« und »Nein, ich kann auch nicht erklären, wie es dazu kam, Herr Polizist!« selbst dann ohne zu zögern aufsagen kann, wenn man sie mitten in der Nacht aufweckt.

Sagen wir so: Mein Vater neigte dazu, sich selbst in gefährliche und merkwürdige Situationen zu bringen. Teils mit Absicht, teils ohne. Nicht, dass er die Gefahr suchte – sie kam einfach Hand in Hand mit seiner großen Neugier auf das Leben, einem sehr großen Optimismus und einer gewissen Sturheit daher. Getreu seinem persönlichen Leitsatz, dass Wege dadurch entstehen, dass man sie geht, hat er durchaus auch sehr viel Spannendes und Bereicherndes entdeckt. Wer mit ihm zusammenlebte, war automatisch ein Teil davon und machte dann eben idealerweise das Beste daraus. Niemals hätte er sich – oder uns – absichtlich einer bedrohlichen Situation ausgesetzt. Es kam eben einfach so.

Der erste Schlaganfall traf ihn morgens beim Frühstück. Er war so wenig dramatisch, dass er beinahe nicht aufgefallen wäre. Meine Mutter dachte zuerst, mein Vater wolle sie auf den Arm nehmen, weil er so merkwürdig sprach. Beide wollten im Anschluss an das Frühstück zu einem Abschlussfest meiner Kinder kommen, und nur mit Mühe konnte ich meinen Vater davon überzeugen, nicht dorthin aufzubrechen, sondern zu warten, bis ich bei ihnen war. Ich traf gleichzeitig mit dem Notarzt ein und fuhr im Krankenwagen mit, als sie ihn sofort ins Krankenhaus brachten.

Unwirklich kam mir das damals vor. Mein Vater? Einen Schlaganfall? Ganz weit hinten in meiner dunkelsten Fantasie habe ich mir vorstellen können, dass ihn eines Tages auf einem Berg, in einem Fluss und definitiv in einem anderen Land einfach so über Nacht »der Schlag« treffen würde. Dass er bei einem seiner verrückten Abenteuer stirbt. Dass er in einem Krankenhausbett liegt, völlig verkabelt und mit Medikamenten zugedröhnt, das hatte ich mir beim besten Willen nie ausgemalt. Aber so war es. Meine Mutter hatte in den ersten Stunden die allergrößten Schwierigkeiten, in seiner Nähe zu sein. Aber dann wich sie nicht mehr von seiner Seite. Und er erholte sich. So schnell, dass er nach zwei Wochen in die Reha konnte. Der zweite Schlaganfall, der ihn dort traf, war sehr viel schlimmer. Hätte die Klinik dort nicht eine eigene Stroke Unit gehabt, also eine

Notfallstation für Schlaganfallpatienten, hätte er ihn vermutlich nicht überlebt. Oft hat er hinterher gesagt, dass ihm das sehr viel erspart hätte. Dennoch kämpfte er auch hier mit ebenjenem Optimismus und der Sturheit, die ihn schon so oft angetrieben hatten. Und meine Mutter kämpfte mit. Mietete sich ein Zimmer in der Nähe und blieb die ganze Zeit bei ihm, und als er nach beinahe einem Jahr wieder entlassen werden konnte, tat sie alles, um ihn, trotz Rollstuhl und der Tatsache, dass er absolut nichts mehr alleine machen konnte, nach Hause zu holen.

Weil der Schlaganfall auch seinen Schluckreflex nachhaltig geschädigt hatte, verschluckte er sich sehr häufig und so heftig, dass wir oft Angst hatten, er würde ersticken. Meine Mutter war körperlich und seelisch bald völlig überlastet, und so entschlossen wir uns nach einem weiteren Jahr gemeinsam mit meinem Vater, ihn in dem Pflegeheim unterzubringen, das glücklicherweise nur zwei Straßen entfernt war. Durch die Nähe konnte er nachmittags mit seinem Rollstuhl nach Hause fahren und war nachts und vormittags versorgt, sodass meine Mutter ein wenig Kraft schöpfen konnte.

Obwohl diese Zeit sehr schwierig, kräftezehrend und oft auch frustrierend war, verlor er nie seinen Humor. Ganz im Gegenteil: Er lächelte oft. Dieses Lächeln war neu, und es erinnerte uns alle an das eines Kindes. So klar und frei und unbeschwert. Wir taten alles dafür, ihn so lächeln zu sehen.

Und er lächelte, obwohl er eine Lungenentzündung bekam, ins Krankenhaus eingeliefert wurde und wieder am Tropf hing. Im Nachhinein denke ich, er lächelte, um uns zu trösten und uns das Gefühl zu geben, dass er trotz allem gerne am Leben war. Nach dieser Erfahrung diktierte mein Vater eine mehrseitige

Patientenverfügung, in der er darum bat, in Würde sterben zu dürfen. Ohne Schmerzen, aber auch, ohne mit Medikamenten, Infusionen oder künstlicher Ernährung am Leben gehalten zu werden. Ich war fassungslos. Mein Vater gab auf?

Einfach so? Wo waren sein Kampfgeist, seine Neugier und sein Optimismus geblieben? Er war doch erst 97 Jahre alt? Ziemlich jung für einen, der für mich unsterblich war. Denn so sehr dieses »Ich weiß nicht, ob er noch da ist, wenn ...« immer über mir kreiste, so wenig konnte ich mir vorstellen, dass er eines Tages tatsächlich einmal nicht mehr bei mir, bei uns sein würde, um Anteil zu nehmen, zu kommentieren, darüber zu lachen und vieles besser zu wissen.

Als er einige Wochen nach der Lungenentzündung an einer Wundrose starb, waren meine Verzweiflung und Enttäuschung über seine Entscheidung verflogen. Im Gegenteil: Dass er Frieden damit geschlossen hatte, dass die Welt sich von nun an ohne ihn weiterdrehen musste, dass er tatsächlich genug gesehen und erlebt hatte, tröstete mich, machte mir Mut und versöhnte mich damit, dass weder er, noch ich oder irgendjemand unsterblich ist. Denn wenn einer wie er irgendwann einmal sagen kann: »Das Leben ist schön, aber jetzt ist es auch genug!«, dann kann ich das vielleicht eines Tages auch.

Und ja: Ich vermisse ihn. Sehr oft sogar. Aber ich spüre gleichzeitig auch, dass er nicht fort ist. Im Gegenteil: Seitdem er nicht mehr lebt, ist er einfach noch näher bei mir. Ich trage sein Lachen, sein Lächeln und seine Kommentare immer in meinem Herzen. Er ist so oder so bei allem dabei, was wir erleben, wird dabei sein, wenn seine Enkel Abitur machen und selbst eine Familie gründen. Solange ich lebe, ist er eben doch unsterblich.

Mit jungen Jungs abhängen

Es ist ein zweischneidiges Schwert: Meine Kinder sind totale Fans ihrer Oma. Zu Recht, wie ich finde. Man kann nicht oft genug betonen, wie unabhängig, eigenwillig und außergewöhnlich sie ist. Dass sie immer und bei jeder Gelegenheit tanzt, Hauptsache, es läuft Musik – und zwar egal, ob es eine Tanzveranstaltung ist oder nicht –, gefällt ihnen genauso wie die Tatsache, dass sie mit jedem redet, egal ob sie die Menschen kennt oder nicht. Dass meine Mutter ihre eigenen Regeln aufstellt und sich nicht um die der anderen schert. Manchmal auffällt. Okay. Eher oft. All das finden sie prinzipiell gut. Allerdings nur bei ihrer Großmutter. Dass sich diese Vorlieben und – ich nenne es einfach mal so – Talente offensichtlich irgendwo auf einem Gen befinden und sich tatsächlich über die Generationen hinweg weitervererbt haben, ist ihnen allerdings äußerst unrecht. Denn es bedeutet: Ich mache das alles auch gern. Nur: Ich bin die Mutter. Und bei mir ist es nicht lustig und cool, sondern total peinlich und verboten. Mütter dürfen so etwas nicht. Denn Mütter sind für so etwas einerseits viel zu alt und andererseits nicht alt genug. Wenn Mütter tanzen und singen, dann ist Vorsicht geboten. Am besten vermutlich rennt man schnell weg, tut so, als ob man sich nicht kennt, und wenn das keine Option ist, weil die Ähnlichkeit zu ausgeprägt ist, hält man sich (und am besten gleichzeitig auch noch seinen Freunden) wenigstens die Augen zu. Wenn Großmütter tanzen und singen, dann hingegen gibt man mit ihnen an und sagt allen, dass man einmal genau so werden will wie sie.

Kleiner Hinweis: Wenn man selbst eine coole Großmutter werden will, wird es einem nicht erspart bleiben, durch die harte Schule der Mutterschaft zu gehen. Man wird währenddessen Kinder haben, die einem sagen, dass man das bitte lassen soll. Was auch immer man tut. Alles. Ausnahmslos. Da muss man durch. Ja, es ist ungerecht. Und leider wahr. Wenigstens gelten die gleichen Gesetze auch für Väter. Holger darf ebenfalls gar nichts, am besten noch zusätzlich weder lachen noch Witze erzählen oder gar Vokabular benutzen, das allein der Jungend vorbehalten ist. Wenigstens muss ich dank der diesbezüglich ausgeglichenen Gendergerechtigkeit nicht allein langweilig in der Ecke sitzen und darf meiner Mutter dabei zusehen, wie sie mit den Jungen abhängt und Spaß hat. (Sorry. »Abhängen« darf man natürlich auch nicht sagen.)

Meine Tochter Maria feierte vor einiger Zeit ein großes Abschiedsfest, weil sie für ein Jahr nach Neuseeland ging, um dort ein Freiwilliges Soziales Jahr zu absolvieren. Dieses Fest haben wir (Holger und ich, aka die uncoolen Eltern) gemeinsam mit ihren sehr coolen Freunden organisiert. Für mich sehr wichtig zu erwähnen: Die Freunde finden uns übrigens top. Und zwar zu Recht. Wer hat schon Eltern, die mit dem eigenen Burger-Foodtruck und mehreren gefüllten Kühlschränken samt Drinks anreisen? Na? Eben. Das Fest fand in einem sogenannten Bike Park statt, einer Art Hindernis-Hügel-Parcours für verrückte Radfahrer, die Saltos und Sprünge und andere Dinge auf ihren Bikes machen, bei denen man (also ich) nicht genau weiß, ob man total beeindruckt staunen oder sich lieber die Augen zuhalten soll. Wenigstens haben sie für diese Stunts immer gepanzerte Klamotten und Helme an. Schlüsselbeine, Wirbel, Arme und Beine kann man sich trotzdem brechen. Selten habe ich mich mit männlichen Wesen unter sechzig so intensiv über Rückenprobleme unterhalten. Aber bitte: Wenn es sie glücklich macht? So lange ich nicht fahren (und Saltos schlagen) muss?

Und so lange meine Tochter dort nur skated? Das tut sie. Glaube ich. Hoffe ich.

Wir stehen oben auf dem Starthügel. Gerade packt sich einer der Jungs in seinen Anzug ein.

»Entschuldigen Sie, junger Mann?«

»Ja?«

»Oma, das ist Matt!«

»Gut, Matt. Matt wie Matthias?«

»Genau.«

»So ein schöner Name. Weißt du noch Lucinde, du kanntest auch mal einen Matthias. Oder, wenn ich es mir so recht überlege, sogar zwei!«

»Mama!«

»Was denn? Stimmt doch. In den einen warst du sogar verliebt!«

»MAMA!«

»Au ja, erzähl, Oma.« Maria lacht jetzt schon. Dabei stimmt das überhaupt nicht. Ich war nie in einen Matthias verliebt, immerhin waren beide in meiner Klasse – und zwar in der Grundschule. Und außerdem tut das hier überhaupt nichts zur Sache.

»Mama, bitte …!«

»Ach, komm schon, ist doch lustig! Wie hieß der besonders Nette noch mal mit Nachnamen? Schmidt? Nein, nicht Schmidt.

Er hieß Schneider! Sie heißen aber nicht zufällig auch Schneider, oder, Matt...hias?«

»Nicht sehr wahrscheinlich, oder Mama?« Ich dachte ja, das hier gäbe ein Gespräch über das Fahrradfahren im Allgemeinen und irgendwelche gefährlichen Stunts im Besonderen, aber da habe ich mich wohl getäuscht. Meine Mutter möchte über Grundschulschwärmereien sprechen – und dann machen wir das auch.

»Also, Matthias Schneider, was ich fragen wollte ...«

»Oma, er heißt Zimmermann mit Nachnamen, und du kannst ihn duzen!«

»Aber wir kennen uns doch gar nicht!«

»Oma, das ist Matt. Matt, das ist meine Oma. Jetzt besser, Oma?« Maria grinst.

»Hallo Oma.« Matt streckt ihr die Hand hin und grinst ebenfalls.

»Hallo Matt. Jetzt, da wir uns so formvollendet vorgestellt worden sind, geht es mir natürlich viel besser. Sagen Sie ...«

Neugierig beobachtet sie, wie Matt sich Knie- und Schienbeinschoner anschnallt.

»Oma, du kannst ihn wirklich duzen!«

»Vielen Dank, Maria, so großzügig von dir. Jetzt weiß ich das. Aber was ich fragen wollte, weiß ich jetzt leider überhaupt nicht mehr!«

»Na, ob er Schneider heißt.«

»Maria!«

»Ah, nein, das war es nicht! Aber jetzt fällt es mir wieder ein: Ich wollte wissen, ob ich auch mal fahren darf!«

Nachtrag:

Nein, meine Mutter durfte nicht fahren. ICH habe es ihr nicht erlaubt. Noch Fragen? Und ja: Ich verstehe, dass alle Marias Oma toll finden und dass meine Tochter nicht müde wurde, mit ihr anzugeben und die Geschichte mit Matt zu erzählen. Es war ein sehr schöner und lustiger Abend, und am Ende durften sogar Holger und ich tanzen. (Meine Mutter tanzte sowieso, und wenn sie eine Pause machte, brachte ihr garantiert irgendjemand ein Bier oder fragte sie, ob sie nicht weitertanzen wollte.) Ich werde vermutlich nie so mutig sein wie meine Mutter, und von Aktionen, bei denen man sich was brechen kann, halte ich mich im Gegensatz zu ihr so fern es eben möglich ist. Und dennoch freue ich mich jetzt schon auf die großartigen Zeiten, die anbrechen werden, sobald meine Kinder Kinder haben und ich die Oma bin. O ja. Ich werde tanzen und Bier trinken und über Grundschullieben plaudern, den lieben langen Tag. Matthias Schneider. Tsss.

Mit alten Jungs abhängen

Meine Mutter ist eine attraktive Frau. Das war sie schon immer. Es gibt aus ihrer aktiven Sportlerinnenzeit noch viele spektakuläre Bilder, auf denen sie von Franz Beckenbauer auf den Händen getragen wird, mit Rudi Altig, dem berühmten Radrennfahrer, Walzer tanzt, oder einfach nur so und mit diesem ganz herausfordernden und frechen Blick in die Kamera schaut.

In meinen Augen sah sie damals aus wie eine sportliche Version von Audrey Hepburn. Sie selbst bestreitet das vehement. »Schreib das bloß nicht! Sonst denken alle, ich sei eine Elfe, und wenn sie mich sehen, trifft sie der Schlag! Ich hab mich quasi verdoppelt! Ich bin doch keine Hochstaplerin.« Stimmt alles – aber auch Audrey ist schließlich älter geworden. Und meine Mutter sieht toll aus. Ende der Diskussion.

Ich besitze außerdem ein Foto aus ihrer Kindheit, einer Zeit, in der Fotografien sicherlich noch etwas Besonderes waren, wofür man einen Termin bei einem Fotografen brauchte, sich schön machte und Mühe gab, besonders vorteilhaft abgelichtet zu werden. Selbst auf diesem Bild sieht sie nicht aus, als wäre »Stillsitzen« für sie eine Option. Ich kann meine Oma im Hintergrund förmlich hören, wie sie ihre Tochter ermahnt, sich doch einmal wie ein anständiges Mädchen zu benehmen. Wenn meine Großmutter heute noch leben würde, würde sie vermutlich genau das immer noch zu ihrer Tochter sagen. Und zwar zu Recht.

Meine Mutter – so würden es jedenfalls meine Töchter ausdrücken – hing einfach schon immer gern mit den Jungs ab, die wiederum völlig begeistert von ihr waren.

Meine Mutter lernte meinen Vater 1967 kennen, als er sie als Sportmoderatorin beim Fernsehen einstellen wollte. Daraufhin änderte sie kurzfristig die Stellenbeschreibung und heiratete ihn am 29. Februar 1968, kurz bevor sie zu den Olympischen Spielen nach Mexiko aufbrach. Das Datum fanden beide besonders witzig, weil sie nur alle vier Jahre an ihren Hochzeitstag denken mussten. (Und immer damit angeben konnten, wie frisch sie erst verheiratet seien.)

Mein Vater wollte meiner Mutter unbedingt einen Brautstrauß aus ihren Lieblingsblumen machen lassen. Das war im Februar nun nicht ganz einfach, denn sie schwärmte nun mal für Sonnenblumen. Aber wenn sich mein Vater etwas in den Kopf gesetzt hatte, dann ließ er auch nicht so schnell locker. Zuerst versuchte er es bei der Lufthansa. Schließlich, so sein Gedanke, gab es die Blumen ja wohl irgendwo auf der Welt bestimmt auch im Februar. Aber weder wusste er, wo das sein könnte, noch gab es die Möglichkeit zu googeln. Mein Vater hatte etwas Besseres. Jemand. Seinen Freund Albert Schöchle, den damaligen Direktor des Zoologischen und Botanischen Gartens, der Wilhelma. Der hatte zwar auch keine Sonnenblumen oder eine Idee, wo mein Vater sie im Februar hernehmen sollte, aber er lud meine Eltern in das große Gewächshaus ein, erzählte ihnen die Geschichte vom weißen Krokodil, das dort ein Zuhause gefunden hatte, ließ die Klapperschlangen für meine Mutter klappern, was sie äußerst faszinierend fand, und schenkte ihr einen Brautstrauß aus weißen Orchideen. Auch wenn Sonnenblumen immer noch die Lieblingsblumen meiner Mutter sind, so haben doch seitdem auch Orchideen eine ganz besondere Bedeutung. Und Klapperschlangen erst.

Jedenfalls war meine Mutter nicht nur schlagfertig, witzig und unternehmungslustig, sie ist es immer noch. Sie sieht zwar vielleicht nicht mehr ganz so aus wie ein junger Filmstar, aber an dem Glitzern in ihren Augen hat sich nichts geändert. Auch nicht daran, dass sie »gern mit Jungs abhängt«. Vielmehr: die mit ihr.

Leider ist es ja im fortgeschrittenen Alter so, dass es mehr Frauen als Männer gibt. Oder vielleicht auch, dass Frauen aktiver als Männer sind. Oder … was weiß ich. Jedenfalls hat meine Mutter drei gute Freundinnen, mit denen sie immer wieder etwas unternimmt, und Johann, einen lieben und nach wie vor sehr glücklich verheirateten Freund, mit dem sie jede Woche einmal zum Singen geht.

Und dann gibt es natürlich die Besuche im Restaurant, bei denen sie immer irgendjemanden kennenlernt, der durchaus bereit wäre, seinen Rostbraten mit ihr zu teilen (und/oder anderes, worüber ich lieber nicht nachdenken will).

In ihrer Nachbarschaft gibt es außerdem mindestens zwei Männer, die gerne mal mit ihr wandern oder essen gehen wollen. Und im Schwimmbad ist es ganz schlimm.

Ich meine, meine Mutter ist 78. Sie trägt einen schwarzen Badeanzug, der mindestens zehn Jahre alt ist und eine mehr oder minder gute Stützfunktion hat. Wenn sie sitzt. Und sich nicht bewegt. Ich bin 48. Nicht, dass ich eifersüchtig wäre oder so, aber ich bin groß, schlank und einigermaßen wohlgeformt, ich trage einen knallroten Bikini, den ich mir vor ein paar Wochen gekauft habe, nachdem die Sonne meine Haut schon ein wenig gebräunt hat. Er sitzt super. Und selbst meine Töchter finden ihn gut. Das will was heißen.

Und dennoch: Männer in der Altersgruppe meiner Mutter (sprich siebzig aufwärts) gehen offensichtlich ebenfalls gern ins Schwimmbad. Sie schmachten meiner Mutter hinterher, als ob es kein Morgen gäbe.

»Das bildest du dir nur ein, Lucinde!«, sagt meine Mutter und dreht sich auf den Rücken, ohne sich einen Deut darum zu scheren, wie das aussieht, ob alles an Ort und Stelle bleibt und ob sie jemand dabei beobachtet. Was der Fall ist. Mindestens fünf Augenpaare kleben an ihrem Körper.

Ich hingegen breche mir beinahe einen ab, um einigermaßen grazil meine andere Körperseite der Sonne zuzuwenden, wobei ich den Bauch einziehe und mich bemühe, die doch auch schon sichtbar von der Schwerkraft betroffenen Körperteile (Oberarme, Oberschenkel, Busen) nicht allzu lang selbiger auszusetzen, sprich bei diesem Wendemanöver so okay auszusehen wie nur möglich, falls mir jemand zuschaut. Was nicht der Fall ist. Denn was ich mache, interessiert im Schwimmbad kein Schwein.

»Ach, natürlich, Lucinde, die gucken alle heimlich!« Meine Mutter wieder. Expertin für Männerblicke. »Und außerdem: Warum interessiert dich das überhaupt?«

Das ist echt eine gute Frage. Eigentlich interessiert es mich nämlich wirklich nicht. Ich will gar nicht von diesen schmerbäuchigen, alten, schrumpeligen Männern angeschaut und für gut genug befunden werden. Um genau zu sein, will ich mich auch nicht von jungen, attraktiven, gebräunten und sportgestählten Männern beurteilen lassen. Und auch nicht von Frauen, egal in welchem Alter.

Aber aus irgendeinem Grund mache ich es trotzdem.

Meine Mutter legt sich auf die Seite und stützt ihren Kopf auf den Arm. Ich starre auf die sich auflösenden Nähte ihres Badeanzuges und habe Angst, dass das ganze Ding in den nächsten Sekunden platzt. Vorsichtshalber kontrolliere ich mein Bikinioberteil und rücke es zurecht, wobei sich leider der Knoten in meinem Rücken löst und ich mich dabei verrenke, ihn wieder festzuknoten, ohne dabei mehr Haut (oder sonstiges) als nötig den Blicken auszusetzen, die eh nicht mir gelten. Meine Mutter schnalzt mit der Zunge und greift nach den Bikini-Bändeln.

»Siehst du? Was für ein Stress! Damit setzt du dich doch nur selbst völlig unter Druck! Und notwendig ist es auch nicht. Du bist doch schön. Dein Körper ist perfekt. Basta. Und wenn du das selbst nicht so siehst, wie soll es denn dann ein anderer können?« Hm. Guter Gedanke. Theoretisch. Wie konnte ich nur zu so einer selbstkritischen Person werden, was meinen Körper angeht, während meine Mutter ...

»Entschuldigen Sie, ist neben Ihnen noch frei?« Ein älterer Herr in einer Badeshorts, die er sich bis zum Bauchnabel hochgezogen hat, steht vor uns und schirmt seine Augen mit der Hand ab. Sein Blick ruht andächtig auf meiner Mutter.

Sie setzt sich auf und reckt ihr Kinn.

»Nein, ich glaube, mein Sohn kommt gleich noch.«

Bedauernd zuckt er mit den Schultern und sucht sich dann etwas weiter weg einen Platz.

»Dein Sohn? Mama, ich wusste gar nichts von einem Bruder?«

»Schh, Lucinde, ich will nicht, dass sich einer zu uns setzt und uns dann zulabert.«

»Mama! Das kannst du doch gar nicht wissen! Vielleicht sucht er wirklich nur einen Platz an der Sonne. Und außerdem: Da muss man doch nicht gleich einen Sohn erfinden!«

»Doch, das muss man. Sonst geht der nie! Den kenne ich schon länger. Er probiert das jedes Mal!«

»Warum vertreibst du ihn denn? Vielleicht ist er ja ganz nett? Bringt dir Blumen mit, lädt dich zum Essen ein ...«

Meine Mutter schüttelt energisch den Kopf.

»Danke, aber nein danke. Ich lade mich lieber selbst zum Essen ein. Weißt du eigentlich, wie alt der ist?«

»Keine Ahnung.«

»Mindestens schon siebzig!« Immerhin acht Jahre jünger als meine Mutter.

»Na und?«

»Der will mir auch nur einmal Blumen schenken. Und dann will er nur noch Kreuzworträtsel machen, etwas gekocht kriegen und seine Ruhe. Nein danke. Die suchen keine Frau – die wollen eine Haushälterin. Das sind keine Blumen dieser Welt wert.«

Okay.

»Es gibt eben einfach nicht viele, die noch an ihrem neunzigsten Geburtstag eine Rundreise durch Neuseeland machen wollen. Für die die Vorstellung die Hölle ist, irgendwann einmal nicht mehr die Welt entdecken zu können. Die keine Angst davor haben, dass sie irgendwo auf der Welt der Schlag trifft, die aber echt wütend wären, wenn es ihnen zu Hause im Sessel passiert. Manche Menschen sind einfach nicht ersetzbar, und deshalb kaufe ich mir meine Blumen lieber selbst.«

Sie denkt an meinen Vater, der letztes Jahr mit 97 Jahren gestorben ist. Ich auch. Täglich.

»Ich verstehe, was du meinst.«

»Siehst du? Die Jungs hier sind mir einfach alle viel zu alt!«, sagt sie und schenkt dem nächsten älteren Mann, der nun abwartend vor ihr steht und auf einen Platz an ihrer Seite hofft, ein freundliches Lächeln. »Nichts für ungut.«

Und ich ergänze: »Mein Bruder kommt gleich noch.«

Meine Mutter hat Ihnen eine Freundschaftsanfrage gesendet

Meine Mutter ist ja nun wirklich nicht besonders social-media-affin, aber ihr Nachbar Uli hat ihr glaubhaft versichert, dass es durchaus sinnvoll ist, Teil einer virtuellen Gruppe zu sein. Und zwar einer, die man im unmittelbaren Umfeld auch persönlich treffen könnte, wie die Facebook-Gruppe mit dem Namen ihres Viertels, wo man sich dann, so Uli, auch mal einen Liter Milch ausleihen kann. Deshalb hat Uli ihr auch einen Account bei Facebook erstellt und erklärt, wie das Ganze abläuft. So ganz begriffen hat sie es allerdings noch nicht.

»... und dann waren da plötzlich so viele, die mit mir befreundet sein wollten, so als hätten sie nur auf mich gewartet, Lucinde. Das ist doch nicht zu fassen!«

»Was genau ist nicht zu fassen?«

»Na ja, da denkt man doch, die Leute hätten ein *Leben!* Und dann sitzen sie zu Hause am Bildschirm und durchforsten Facebook, und kaum meldet man sich an – zack –, hat man eine Freundschaftsanfrage am Hals. Elisabeth zum Beispiel, weißt du, die, mit der ich eigentlich seit einem Jahr Krach habe – die hat mich sofort angeschrieben. *Sofort!* Glaubst du, die hat auf mich gelauert?«

»Auf dich ge...? Nein, eher nicht, Mama. Diese Freundschaftsanfragen schicken die dir doch nicht selbst. Das läuft automatisch, sobald du dich anmeldest. Dann werden dir ›Freunde‹ vorgeschlagen, die du kennen könntest.«

»Und woher weiß Facebook das?«

»Von deiner E-Mail-Adresse. Und wenn du dich beispielsweise mit mir befreundest, dann schlägt Facebook dir Freunde vor, die in unserem gemeinsamen Umfeld unterwegs sind. Maria, Lilli. Dann deren Freunde. Und immer so weiter.«

»Das ist ja gruselig! Das heißt, die, die mit mir laut Facebook befreundet sein wollen, wissen gar nichts davon?«

»Die werden dir ja nur vorgeschlagen. Und du kannst entscheiden, ob du ihnen dann eine Freundschaftsanfrage schickst oder eben nicht. Mir hast du jedenfalls eine geschickt.«

»Hab ich? Oh, das tut mir leid.«

»Das tut dir ...?«

»Ach, ich weiß wirklich nicht ganz sicher, ob ich mit dir befreundet sein will.«

Ah ja. Dann wäre das wohl auch geklärt.

»Na ja, vielleicht will ich ja gar nicht alles von dir wissen. Und außerdem habe ich viel jüngere Freunde als dich.« Ach ja?

»Wen denn?«

»Na, Phil, Bobo, Nico, Leo, Sarah, Jana, Johanna ...« Sie zählt die Freunde meiner Kinder auf.

»Die kennst du alle?«

»Nee, alle nicht. Du etwa?«

»Also, die Freunde meiner Kinder kenne ich schon.«

»Ja, die ... die hab ich doch auch schon mal gesehen. Oder?« Hat sie. Und zwar damals, als sie Fahrradstunts ausprobieren wollte. Ich weiß wirklich nicht, ob ich die neuen Facebook-Freundschaften meiner Mutter gutheißen kann oder ob der Einfluss sich womöglich negativ auf ihre Waghalsigkeit auswirkt.

»Wie viele Freunde hast du denn schon?«

»Keine Ahnung. Viele.«

Meine Mutter hat genau 378 Freunde. Nicht schlecht für jemanden, der erst seit gestern bei Facebook ist.

»Siehst du? Ich bin eben sehr beliebt.«

»Ich würde eher sagen, du hast das mit den Freundschaftsanfragen nicht begriffen.«

»Lucinde! Ich habe es sehr wohl begriffen. Also jetzt. Und außerdem weiß ich noch gar nicht, ob Facebook für mich das Richtige ist. Uli hat mir nämlich auch noch Parship ans Herz gelegt. Also, falls es dir nicht passt, dass ich auf Facebook bin.« Äh: *Falls es mir nicht passt, dass sie...?*

»Bitte was? Parship? Ich dachte, du interessierst dich nicht für Männer?« Bisher hat sie jedenfalls immer ganz klar gesagt, dass sie bleibt, wo sie ist, und auch nichts an ihrem Leben verändern will. Schon gar nicht an ihrem Beziehungsstatus und zwar egal, ob auf Facebook oder im realen Leben. Und jetzt Parship?

»Natürlich interessiere ich mich für Männer, was denkst du denn? Ich bin eine Frau.«

»Das weiß ich. Aber für mich bist du eben vor allem meine Mutter.« Und ich finde, solche Gespräche sollten irgendwie angekündigt werden.

»Stell dich doch nicht so an, Lucinde. Ich interessiere mich nur nicht für die alten Knacker, mit denen man nichts mehr anfangen kann, und die nur wollen, dass man ihnen ein Süppchen kocht, und zwar exakt das Gleiche wie ihre verstorbenen Frauen. Gott hab sie selig. Nein, wenn, dann müsste es schon ein Jüngerer sein. Einer, der neugierig ist und noch ein bisschen was von der Welt sehen will. Uli hat auf Parship seine Partnerin gefunden. Die beiden sind schon seit acht Jahren glücklich. Und seine Tochter, die hat auch ...«

Das ist ja alles ganz prima, aber ich habe immer gedacht, ein neuer Partner wäre für meine Mutter undenkbar.

»Also, Spaß beiseite: Willst du echt noch mal einen Mann?« Irgendwie kann ich mir das überhaupt nicht vorstellen, obwohl ich meiner Mutter natürlich wünsche, dass sie glücklich ist und nicht ungerecht sein will. Wenn sie einen Partner sucht, dann bitte. Ich unterstütze meine Mutter. Meistens.

So ganz sicher scheint sie selbst auch nicht zu sein.

»Er muss ja nicht gleich bei mir einziehen.«

»Nein. Das muss er nicht.«

»Aber jemanden, mit dem man seine Gedanken teilen kann, der für einen da ist und für den man auch da sein kann, das ist doch schon etwas, wonach sich jeder sehnt, oder etwa nicht? Und außerdem, Lucinde, muss man ja immer wieder auch was Neues wagen, sagst du selbst. Ich glaube, ich probiere es einfach mal.«

»Was genau?«

»Na, parzushippen.«

»Es heißt zu parshippen, Mama.«

»Völlig egal, wie es heißt, Hauptsache, es funktioniert, oder? Und das tut es, sagt Uli.«

»Gibt es denn so was wie Rentner-Parship?«

»Rentner-Parship? Was soll ich denn damit? Ein Mann, der zu mir passt, müsste vermutlich ein ganzes Stück jünger sein, damit er mit mir mithalten kann.« Wo sie recht hat.

»Aber so jung dann auch wieder nicht. Irgendwie ... dazwischen wäre gut. Ende sechzig, Anfang siebzig ungefähr.«

»Das wäre bestimmt nicht schlecht.« Ich versuche immer noch, mir meine Mutter mit einem Mann vorzustellen. Und scheitere. Ihr selbst gelingt das anscheinend besser.

»Aber so ganz einfach ist es dann auch wieder nicht. Einer in dem Alter würde mich vermutlich gar nicht erst kennenlernen wollen, wenn er bei Parship liest, wie alt ich bin, weil die Männer ja dann doch immer auch lieber was Jüngeres wollen. Du weißt schon, was ich meine.« Sie wirft mir einen süffisanten Blick zu.

»Du könntest ja, was dein Alter angeht, schwindeln«, schlage ich ein wenig naiv vor, aber ich hätte es wissen können. Wenn sie etwas nicht leiden kann, dann sind es Unwahrheiten.

»Schwindeln? Kommt gar nicht in Frage! Ich gebe nicht eines meiner Jahre her! Und außerdem: Lucinde, so hab ich dich nicht erzogen! Das würde ich nie tun! Das würde doch niemand tun!« Empört schaut sie mich an. Leider weiß ich von meinen Parship-erfahrenen Freundinnen, dass dann doch der eine oder andere, mit dem sie sich nach einem Parship-Match getroffen haben, ein wenig älter, meist auch ein wenig kleiner und ab und zu sogar ein wenig gebundener war als angegeben.

»Ich glaube, wenn du noch mal jemanden kennenlernst, dann über gemeinsame Interessen. Wandern, Kultur, Chor ...«

»Ja, schon, aber die Männer, die ich kennenlerne, sind entweder noch zu jung und zu verheiratet, oder aber schon auf dem besten Weg ins betreute Wohnen.«

»Würde dich das stören?«

»Was?«

»Na, wenn einer im betreuten Wohnen ist?«

»Nö, wenn er nur dort ist, weil er nicht selbst kochen kann! Und außerdem hat sich das mit dem Zusammenleben wenigstens dann auch schon von vornherein geklärt. Vielleicht ist das gar keine schlechte Idee. Vielleicht melde ich mich dort auch gleich mit an. Dort gibt's bestimmt im Eingangsbereich ein schwarzes Brett.«

Einen Moment schaut sie sinnierend zum Fenster hinaus, bevor sie fortfährt. »Weißt du, Lucinde, im Grunde ist ein schwarzes Brett auch nichts anderes als Parship. *Er (72), gut erhalten, gepflegt, kulturell interessiert, sucht sie für gemeinsame schöne Stunden und …*« Schwarzes Brett? Schöne Stunden? Was jetzt?

»Also Lucinde: Ich habe nachgedacht. Es gibt jetzt genau zwei Möglichkeiten.«

»Ah ja? Und die wären …?«

»Na hör mal, das ist doch wohl sonnenklar: Entweder ich parshippe jetzt – oder ich geh ins Altersheim!« Triumphierend sieht sie mich an. Ich werde noch eine Weile darüber nachdenken müssen.

»Aber das mit Facebook ist totaler Quatsch, Lucinde: Was soll ich denn mit einem Liter Milch?«

Nachtrag:

Donnerstags treffen sich bei uns immer die Freunde meiner Tochter Maria zum Public GNTM-Viewing (sagen Sie jetzt nichts!), obwohl Maria ja in Neuseeland ist. Aber Lilli ist ja auch noch da, es hat Tradition, außerdem schaut sowieso selten einer hin, und wir haben wirklich sehr viel Spaß. Ich darf trotzdem keine Namen nennen. Meine Mutter kommt allerdings dieses Mal auch. Da sie beschlossen hat, doch noch eine Weile auf Facebook zu bleiben, möchte sie wenigstens ihre neuen Freunde ein bisschen näher kennenlernen.

Gelernt ist
halt gelernt:
Erziehung.
In beide
Richtungen

Bullshit-Bingo

Kaum beschäftigt man sich mal intensiv mit der eigenen Mutter, wird einem klar, dass man sie eben doch nicht so genau kennt wie gedacht. Es gibt beinahe so viele Dinge, die ich nicht über sie wusste, wie die, die ich kannte. Das mit der amerikanischen Meisterschaft beispielsweise, oder dass sie eigentlich gerne Tänzerin geworden wäre.

Viele andere Dinge sind gleichzeitig so vertraut, dass ich niemals auch nur darüber nachgedacht habe, sie aufzuschreiben, bis dieses Buch ein Thema wurde. (Wie zum Beispiel, dass sie jederzeit ein hart gekochtes Ei einem Kuchen vorziehen würde.)

Genauso gibt es eben Dinge, Eigenschaften, die total typisch für sie sind – wie die Unfähigkeit, sich zu entscheiden. Und eben auch Dinge, die sie immer wieder sagt.

Sätze, die Mütter sagen (oder zumindest meine)

Athleten müssen die Welt sehen.	Gelernt ist halt gelernt.	Als du in der Pubertät warst ...	Sei nicht so streng mit mir.
Sei nicht so streng mit deinen Kindern.	Notwendig ist nur das Überflüssige.	Was sein muss, muss sein.	Auf gar keinen Fall ziehe ich zu dir!
Das letzte Hemd hat keine Taschen.	Ich würd noch ein Gläschen nehmen.	Hab ich nie gesagt!	Hast du nie erwähnt!
Man muss die Feste feiern, wie sie fallen.	Humor ist, wenn man trotzdem lacht.	Immer muss man sich Sorgen machen!	Warum machst du dir eigentlich immer Sorgen?

Sätze, die Töchter sagen (oder zumindest ich)

Wo sind die Unterlagen?	Ich mache mir immer Sorgen.	Ich arbeite!	Ja, ich habe Verständnis!
So jung bist du auch nicht mehr.	So alt bist du auch noch nicht.	Kannst du echt noch fahren?	Halt dich raus!
DAS willst du anziehen?	Das willst du gar nicht wissen.	Ich trinke nie Alkohol.	Es ist nichts.
Überhaupt nichts!	Wo bist du eigentlich?	Tanzen?	Wer ist Omur?

Unterhemden

»Lucinde, bitte zieh dir was Wärmeres an!« Meine Mutter und ich haben beschlossen, einen Ausflug auf die Schwäbische Alb zu machen, weil die Sonne scheint und weil es einfach ein toller Tag ist. Holger und William machen irgendwas, was Werkzeug, Öl und fahrbare Untersätze beinhaltet. Ich frag gar nicht erst, was genau es ist, ich habe nur vorsichtshalber den Erste-Hilfe-Kasten auf den Tisch gestellt, fürsorglich wie ich bin.

Da ich näher an unserem Ausflugsziel wohne, haben wir uns bei mir getroffen. Und ich werde fahren. O ja. Das ist ein wesentlicher Vorteil. Bevor mein Mann in die Garage verschwunden ist, hat er meiner Mutter einen Kaffee gemacht, und nun sitzt sie am Tisch und beobachtet mich dabei, wie ich mich anziehe. Es ist Frühling. Die Sonne scheint, die Vögel zwitschern, die Knospen ... knospen? Und es hat ungefähr zwanzig Grad draußen. Ich kann es kaum erwarten rauszukommen. Der Kaffee ist ausgetrunken, und eigentlich bin ich fertig.

»Wollen wir los?«

Meine Mutter begutachtet mich von oben bis unten.

»Bist du dir sicher? Das willst du anziehen?«

»Eigentlich schon. Warum nicht?«

»Das ist doch nicht das richtige Outfit für eine Wanderung!« Ich trage nicht etwa ein Ballkleid und High Heels, sondern im Grunde genau das Gleiche wie meine Mutter. Normale, nicht allzu schicke Klamotten eben.

»Wieso?«

»Viel zu kalt! Da zieht es ja rein!«

Ich bin 48 Jahre alt, ziehe mich seit vermutlich 46 davon selbstständig an, kaufe mir in der Regel Klamotten, die mir zumindest beim Einkauf noch passen, und achte drauf, dass Oberteile lang genug sind. Dass die Länge meine Schwachstelle ist, weiß ich im Übrigen auch schon ziemlich lange. Ich schaue an mir runter und entdecke nichts, was ich nicht genau so geplant und für gut befunden hätte. Ich trage: Socken, Jeans, Unterwäsche, ein Langarm-T-Shirt und ein Sweatshirt darüber. Alles jeweils in meiner Größe.

»Du trägst bestimmt kein Unterhemd!«

Sie zieht mein Shirt an der Seite aus der Hose. Nur ein bisschen, aber es reicht. Kalte Luft trifft meine Haut, und ich zucke zusammen.

»Siehst du! Genau da«, sagt sie triumphierend und piekt mir in die Seite. »Du kriegst ja ganz kalte Nieren. So geht das doch nicht, Lucinde. Du musst dir unbedingt noch ein Unterhemd anziehen.« Ich mag Unterhemden nicht. Grundsätzlich. Einer der Gründe ist so albern wie typisch: Weil meine Mutter ein so großer Verfechter davon ist. Und weil ich mir schon mein Leben lang anhören muss, dass es »da reinzieht, wenn ich keines trage«. Ich muss Unterhemden einfach ablehnen. Altes Relikt aus meiner Kindheit. Gleichzeitig triggert sie mit dem Wort »Unterhemd« alles, was ich an Widerstand und Rebellion zu bieten habe.

»Mama, mir ist wirklich warm genug.« Ich stopfe mein Shirt wieder in die Hose. »Und wenn wir uns bewegen, wird mir ja auch warm.«

»Schon, aber wenn du dich dann nicht mehr bewegst, sind warme Nieren besonders wichtig.«

Ja. Womöglich. Trotzdem. Andererseits … Ich will nicht mit ihr diskutieren, sondern spazieren und überhaupt: Der Klügere gibt nach.

»Okay. Ich hol mir schnell eins, dann können wir los, ja?«

»Ich bin froh, dass du es eingesehen hast.«

Und ich bin froh, dass ich schon auf dem Weg ins Schlafzimmer bin, das hilft mir, auch die Klügere zu bleiben.

Als wir endlich fertig sind und zu meinem Auto gehen, kommen wir an der Garage vorbei, wo sich William und Holger bereits daran gemacht haben, ein altes grünes Mofa auseinanderzubauen. Sowohl bei meinem Mann als auch bei meinem Sohn sind die T-Shirts verrutscht und geben den Blick auf ihre blanken Rücken frei. Und bevor ich mir selbst die Hand auf den Mund legen kann, höre ich mich sagen:

»Hey, ihr beiden, das ist doch viel zu kalt so! Da zieht's euch ja an die Nieren! Wollt ihr euch nicht vielleicht ein Unterhemd …«

Schnell schaue ich zu meiner Mutter, aber die ist schon ein paar Schritte weiter. Ich hoffe, sie hat mich nicht gehört. Sie dreht sich jedenfalls nicht um. Ihr Lachen höre ich allerdings auch so. Und das Victory-Zeichen, das sie mir über die Schulter zeigt, brennt sich für immer in mein Gedächtnis ein. Es gibt einfach nichts zu beschönigen: Ich bin die Tochter meiner Mutter. Und Unterhemden sind großartig. Aber das muss ich ihr ja nicht extra sagen.

Ungeduld und andere schlechte Eigenschaften

Es gibt noch ein paar andere Worte, die bei mir so einen Triggereffekt auslösen. Da wäre zum Beispiel meine Ungeduld, die immer dann ausdrücklich zum Thema wird, wenn meine Mutter mich diesbezüglich auf die Probe stellt.

Ich bin einfach sehr gerne pünktlich. Und meine Mutter ist sehr gern – entspannt. Sie kann schon auch pünktlich sein, das muss man ihr wirklich lassen. Ich jedoch gerate schon in Stress, wenn ich nicht mindestens zehn Minuten Pufferzeit habe. Das liegt vermutlich daran, dass ich vier Kinder großgezogen habe, deren pünktliches Erscheinen in der Schule oder bei anderen wichtigen Veranstaltungen meist in meiner Verantwortung lag – und da sind zehn Minuten einfach das Minimum, wenn doch noch was schiefläuft. Und das geschieht immer. Gerne thematisiert meine Mutter meine Ungeduld, wenn sie bei uns zu Hause ist und wir alle, inklusive meinem Mann, gemeinsam irgendwo hingehen wollen. Der wiederum zeichnet sich durch die gleiche Entspanntheit aus, die auch meine Mutter kultiviert hat, allerdings ohne pünktlich zu sein. Ganz im Gegenteil. Sagen wir es ganz freundlich: Er ist »zeitlich sehr flexibel«.

Deshalb bin ich irgendwann dazu übergegangen, Aufbruchszeiten 15 Minuten früher anzusetzen, ohne ihm etwas davon zu sagen, in der Hoffnung, dass wir dann einigermaßen pünktlich loskommen. Allerdings funktioniert es nicht ganz so gut wie erhofft, denn mein Mann kommt erst in die Gänge, wenn ich anfange, ihn ein wenig »zu ermuntern«. So nenne ich das jedenfalls. Er sagt, ich würde ihn triezen.

Er hat jedenfalls die Ruhe weg, und es fällt mir schwer, das auszuhalten. Er wiederum kann es sehr schlecht aushalten, wenn ich ihn zur Eile mahne. Aber ich kann es mir einfach nicht verkneifen. Und meine Mutter verkneift sich sowieso nix.

»Lucinde, entspann dich doch mal. Wir kommen schon noch pünktlich. Wir sind doch noch nie zu spät gekommen, oder?« Sie schüttelt den Kopf und lacht. »Dass du immer so einen Stress machen musst.« Danke, Mama, für die Vorlage an meinen Gatten. Wenn ich nicht so einen Stress machen würde, müsste man die Zeit, die wir in unserer Ehe zu spät gekommen sind, in Monaten, wenn nicht Jahren angeben. Ich habe schon bis zur Pause vor Operntüren ausgeharrt, weil wir es nicht rechtzeitig in den Saal geschafft haben, und mein Mann kam sogar beim geplanten Kaiserschnitt unseres gemeinsamen Sohnes zu spät. Oder zumindest so spät, dass das Ärzteteam auf ihn warten musste.

»Eben, Karin. Gut, dass du es mal sagst.« Mein Mann. Selbstverständlich lässt er sich so eine Gelegenheit nicht entgehen. »Ich sage das ja auch immer, aber ...« Verschwörerischer Blick zu meiner Mutter. Kopfschütteln. Grinsen. »Sie ist einfach wahnsinnig ungeduldig.«

Weiteres synchrones Kopfschütteln.

Ich spüre, wie sich in meinem Magen ein gewisses Gefühl von Ärger zusammenbraut. Bevor mir allerdings eine passende Retourkutsche einfällt, ergänzt meine Mutter freudig: »Ja, das hat sie von ihrem Vater.« Beide lachen. Fehlt nur noch, dass sie sich abklatschen. Ich kneife die Augen zusammen.

»Und dann wird sie auch echt schnell sauer bei so etwas, findest du nicht?«

»Total. Und völlig ungerechtfertigt.«

»Hallo? Ich bin auch hier? Ich kann euch hören?«

»Ja, was denn? Sei doch nicht immer so empfindlich!«

»Genau wie ihr Vater. Ganz genau so. Der war auch empf...«

Tief ein- und wieder ausatmen, Lucinde. Ich bin doch nicht empfindlich! Nur, weil sich die beiden komplett gegen mich verschworen haben und sich über mich lustig machen, bei einer Sache, die absolut nicht lustig ist. Mein eigener Ehemann! Und meine eigene Mutter! Gegen mich! Lachend! Es ist traurig. Und wahr.

Jetzt bloß nicht das Wesentliche aus den Augen verlieren, Lucinde. Lass sie reden. Ignorier sie einfach. Sie werden schon aufhören. Sich anziehen. Und dann können wir endlich ... wir haben ja noch 15 Minuten ...

»Sag mal, Karin, wollen wir vielleicht noch einen Prosecco trinken, bevor wir losfahren?« Mein Mann hat schon den Kühlschrank geöffnet und die Flasche in der Hand. »Wir haben ja noch ewig Zeit!«

»Was für eine gute Idee! Natürlich wollen wir das. Vor allem, weil wir ja noch eine Viertelstunde extra haben, so wie ich meine Tochter kenne.« Vielsagender Blick zu mir. »Das macht sie doch immer.« Nein, mein Mann hatte von diesem Trick keine Ahnung, das sieht sie vermutlich an *seinem* Blick.

»Oh, Entschuldigung«, ergänzt sie schnell. »Hab ich jetzt ein Geheimnis verraten?«

»Nein, natürlich nicht«, antworte ich und greife nach der Proseccoflasche. Ich finde ja, Pünktlichkeit ist enorm wichtig im

Leben. Aber manchmal ist es noch viel wichtiger, eine Flasche mit alkoholischem Inhalt griffbereit zu haben.

Nachtrag:

Am Ende sind wir natürlich doch pünktlich. Weil vermutlich irgendein karmisches Naturgesetz dafür sorgt, dass Menschen wie ich, die vorsichtshalber grundsätzlich zehn Minuten früher losfahren, meist auch wirklich eine ganze Weile suchen müssen, bis sie einen Parkplatz gefunden haben. Und zwar einen, der so weit weg ist, dass allein der Fußmarsch dorthin die Pufferzeit auffrisst. Während Menschen wie mein Mann, die immer fünf Minuten zu spät losfahren (mindestens), grundsätzlich einen legalen Parkplatz direkt vor Ort finden. Immer. Das finde ich total ungerecht und rein karmisch überhaupt nicht nachvollziehbar. Es hebelt all meine moralischen Pünktlichkeitspredigten auch gegenüber meinen Kindern aus, und außerdem nehme ich es persönlich. Ob ich nun empfindlich bin oder nicht.

Mutterstolz

Neulich war ich mit meiner Mutter beim Griechen.

Wir hatten eigentlich nicht viel Zeit, weil wir gemeinsam ein Konzert besuchen wollten, aber trotzdem Lust hatten auf etwas zu Essen davor. Es sollte eben schnell gehen.

»Ich nehme gegrillte Auberginen, und du?« Gegrillte Auberginen werden beim Griechen sicher so oft bestellt, dass sie das quasi »ready to serve« vorbereitet haben.

»Ja, Auberginen finde ich auch gut, aber eigentlich hätte ich Lust auf Fisch. Fisch und Gemüse. Aber nicht mit Reis. Dann lieber Kartoffeln. Das Lamm soll ja auch sehr lecker sein. Tsatsiki brauchen wir natürlich unbedingt. Aber Moment: Wenn wir dann unsere Sitznachbarn vollstinken, das geht natürlich auch nicht. Also ...«

»Mama, wir haben nicht viel Zeit, das Konzert fängt in einer Stunde an. Können wir nicht einfach was Unkompliziertes nehmen?«

»Also, ich kann immer was Unkompliziertes nehmen.« Entrüstet sieht sie mich an und winkt kopfschüttelnd den Kellner herbei.

»Entschuldigung?«

»Ja, bitte?«

»Meine Tochter nimmt die Auberginen und ich die gegrillten Calamari. Mit Kartoffeln und Gemüse. Tsatsiki ist bestimmt sowieso dabei.« Sie klimpert mit den Wimpern. »Das ist doch nicht kompliziert, oder?«

»Nein, verehrte Dame, das ist überhaupt nicht kompliziert.«
Der Kellner lächelt.

»Siehst du, Lucinde! Ach ja: Und dann hätte ich noch gerne einen ebenfalls unkomplizierten Rotwein dazu. Und ein Wasser. Für meine Tochter.« Sie grinst mich an. Ich grinse zurück.

»Für deine Tochter unbedingt auch noch einen unkomplizierten Rotwein.«

Die Gäste am Nachbartisch beobachten uns, was ich sehr gut verstehen kann.

»Jamas!«, sagt meine Mutter und prostet ihnen mit dem Ouzo zu, den es zur Begrüßung gibt. Eine ihrer Philosophien besagt, dass man unbedingt so viele Wörter wie möglich in der jeweiligen Landessprache können muss. Und wenn es schon nicht für komplizierte Gespräche taugt, sollte man sich wenigstens die Worte merken, die man oft braucht. Meine Mutter kann demnach »Prost« bestimmt in mindestens zwanzig Sprachen. Und Griechisch ist ganz vorne mit dabei.

Für mich ist das völlig in Ordnung, denn schließlich mag ich es auch, wenn mir jemand zuprostet, ich freue mich sehr über den Abend mit meiner Mutter, und außerdem haben wir was zu feiern. Mein aktuelles Buch ist gerade erschienen, und ich habe es quasi direkt aus der Druckerei mit hierhergebracht. Feierlich überreiche ich es ihr und hebe mein Weinglas, um mit ihr anzustoßen.

»Ich hab dir was mitgebracht!«

Meine Mutter macht große Augen und dreht und wendet es. »Ist das dein Neues?« Ich habe den Eindruck, sie hat die Lautstärke ein wenig hochgedreht. Die Gäste am Nachbartisch lassen sich dieses Mal nur kurz von ihrem Essen ablenken. Wahrscheinlich denken sie, dass es ja durchaus normal ist, ein neues Buch zu kaufen. Ich bin ganz ihrer Meinung. Aber damit gibt sich meine Mutter nur kurz zufrieden. Dieser Irrtum gehört aufgeklärt.

»DEIN neues BUCH?«

»Äh, ja?«

»Das du SELBST GESCHRIEBEN HAST?« Sie benimmt sich, als hätte sie überhaupt noch nie irgendein Buch gesehen.

»Was für ein SCHÖNES COVER! Und SO VIELE SEITEN! Hast DU DIE ALLE SELBST BESCHRIEBEN?« Ich würde sagen, das mit der Aufklärung ist ihr prima gelungen. Die Menschen am Nachbartisch haben sowohl ihre Gespräche als auch das Essen eingestellt. Unser Programm scheint eindeutig spannender zu sein.

»ES IST WIRKLICH SEHR SCHÖN GEWORDEN!«, brüllt meine Mutter munter weiter. »Ich bin mir sicher, dass es großartig geworden ist, DIESES BUCH, DAS DU GANZ ALLEINE GESCHRIEBEN HAST!« Sie zwinkert der Dame zu, die es nicht geschafft hat, rechtzeitig ihren Blick wieder auf ihre Calamari zu senken. Ich muss lachen.

»Mama, sag das doch nicht so laut. Die Leute denken ja, du hast nicht mehr alle Tassen im Schrank.«

»Wie bitte?« Sie nimmt einen Schluck Rotwein. »Nicht mehr alle Tassen im Schrank? Ich bin doch einfach nur stolz! Und die Welt muss doch erfahren, was meine Tochter alles kann? Jamas, übrigens!« Sie prostet mir zu.

»Ja schon, aber vielleicht nicht aus deinem Mund?«

»Warum eigentlich nicht?«

»Weil ...

»Ach, komm schon, Lucinde. Du musst dich doch nicht verstecken! Bist du selbst nicht auch ein bisschen stolz? Ach ja, und überhaupt: Ich hab ja noch gar nicht gefragt: Um was geht es denn in deinem Buch?«

Nachdem ich ihr den Inhalt kurz zusammengefasst habe und wir noch einmal AUF DAS BUCH angestoßen haben, sprechen wir tatsächlich auch noch über andere Dinge. Und während ich von Paulinas Krankenschwesterausbildung, Marias Freiwilligendienst in Neuseeland, Lillis Erfolgen in der Schule und den großartigen Gesprächen mit William erzähle, würde ich auch gerne lauter werden. Ich meine, ich habe VIER KINDER! Die sind alle GROSSARTIG! Was die alles können und leisten und überhaupt!

Es gibt doch nichts Schöneres, als eine stolze Mutter sein zu dürfen, oder? Also, außer für die Kinder, die unmittelbar daneben sitzen. Das muss ich mir für das nächste Mal merken, wenn ich mit Paulina, Maria, Lilli und William unterwegs bin. Bis diese wahnsinnig tief greifende Erkenntnis auch in meinen Gedanken angekommen ist, hat meine Mutter längst ein Gespräch mit der Dame am Nachbartisch begonnen, der sie nicht nur von meinen Büchern erzählt, sondern auch von meinen Kindern und allem anderen, was so großartig an mir ist.

Als ihr Blick meinen kreuzt, hebt sie die Hand: »Bitte noch zwei unkomplizierte Rotweine«, sagt sie zu dem Kellner. »Einen für mich und einen für meine Tochter. Sie kann echt viel. Nur mit Lob kann sie nicht so gut umgehen. Aber der Rotwein hat geholfen.«

Nachtrag:

Ich sitze pünktlich, schmunzelnd und leicht beschickert im Konzert. Ich glaube, wir riechen beide unglaublich nach Knoblauch, aber das ist nicht weiter schlimm, denn unser Platz ist oben direkt an der Brüstung und vor uns ist niemand, den wir zu Tode hauchen könnten. Meine Mutter schaut andächtig zur Bühne. In ihren Händen hält sie nicht das Programmheft, sondern mein Buch. Als sie meinen Blick bemerkt, lehnt sie sich zu mir rüber.

»Jamas!«, flüstert sie und grinst. Mutterstolz ist großartig.

Erziehung ist,
was man daraus macht

Einer der wesentlichen Grundsätze, die mir meine Eltern beigebracht haben, ist, dass man nie seinen Humor verlieren darf. Lachen zu können, vor allem über sich selbst, ist ein ganz wesentlicher Pfeiler meines Lebens, den sie sehr gründlich und stabil installiert haben. »Humor ist, wenn man trotzdem lacht« war einer der Lieblingssprüche meines Vaters (geklaut hat er ihn von dem Dichter Otto Julius Bierbaum).

Lachen zu können – oder schmunzeln und lächeln –, hat mich auch in schwierigen Situationen schon gerettet. Und wenn nicht währenddessen, dann manchmal wenigstens hinterher, wenn sich selbst in ausweglosen Momenten eine gewisse Komik entdecken lässt. Nein, das hat nichts mit Respektlosigkeit zu tun, sondern mit dem Bedürfnis, Schweres ein wenig leichter zu machen.

Ich lache gern über mich selbst. Oh, natürlich lache ich auch über meine Mutter, meinen Vater, meine Kinder – und sehr gerne auch über meinen Mann. Es ist ein Lachen voller Liebe. Wirklich. Manchmal ist auch eine winzige Prise Schadenfreude dabei, wie zum Beispiel damals, als mein Vater kurz vor unserem Urlaub beschlossen hatte, den Ablauf vom Waschbecken zu reparieren, dann keine Zeit mehr hatte, das Rohr wieder zu befestigen und stattdessen ein riesiges Schild mit der Aufschrift »Nicht benutzen!« bastelte, das er selbst natürlich vergaß, als wir aus dem Urlaub zurückkamen. Das Bad musste danach erst mal komplett renoviert werden.

Oder als meine Mutter mit ihrem angeblich beinahe perfekten Spanisch beim Busfahrer in Madrid anstelle einer Rückfahrkarte (*billete de vuelta*) ein Omelette (*Revuelto*) bestellte.

Mein Vater hat immer gesagt: »Lieber einen Freund verloren, als eine gute Pointe verschenkt.« Aber ganz ehrlich: Freundschaften, die nicht auf dem gleichen Humor basieren, sind auf Dauer auch einigermaßen schwer aufrechtzuerhalten.

Ich würde behaupten, dass ich sehr frei erzogen worden bin. »Was? Dich hat jemand erzogen? Zeig mir den Kerl!«, würde mein Vater vermutlich sagen, wenn er das jetzt lesen könnte. Das meine ich. Und übrigens: Natürlich bin ich erzogen worden. Vielleicht nicht zu einem gut funktionierenden, wahnsinnig ehrgeizigen, angepassten und ordentlichen Rädchen im Getriebe, aber davon gibt es ja auch genügend.

Meine Eltern haben versucht, mich dabei zu begleiten, meinen eigenen Weg zu gehen (und ihn erst einmal zu finden), was wirklich nicht immer einfach gewesen ist. Schließlich gab es da draußen ja all die verführerischen Abzweigungen, Möglichkeiten und Chancen. Und am liebsten hätte ich selbstverständlich alle wahrgenommen.

Deshalb sind meine Eltern Vorbilder für mich. Weil sie immer authentisch waren und es ihnen gleichgültig war, ob jemand Geld, Ansehen, einen wahnsinnig beeindruckenden Platz in der Öffentlichkeit oder nichts davon hatte. Sie mochten Menschen. Nicht alle. Aber für die, die den Weg in ihr Herz gefunden hatten, hätten sie alles getan. Und obwohl ich sie meist auch »nur« als meine Eltern wahrgenommen habe, war mir doch durchaus bewusst, dass das, was mein Vater beim Fernsehen und meine Mutter im Sport geleistet hatten, etwas Besonderes war, etwas, das mich mit Stolz und auch Respekt erfüllte. Und das – zugegebenermaßen – auch einen gewissen Druck ausübte. Denn in einer Familie, in der alle »etwas sind«, ist es manchmal nicht ganz einfach, selbst »jemand zu werden«.

Ich habe von meiner Mutter bestimmt eine Million Mal gehört, ich sei genau wie mein Vater. Sie wollte mir damit bestimmt etwas Nettes sagen, und als ich noch klein war, fand ich das auch tatsächlich fabelhaft. Aber als ich ein wenig älter wurde, blieb das natürlich nicht mein Lebensziel. Es ist ja nett, wenn man den gleichen Wortwitz hat, dieselbe rasche Auffassungsgabe und die Fähigkeit, tiefstes Mitgefühl zu empfinden wie der eigene Vater – nur noch schöner, als mit stolz geschwellter Brust zu hören, dass ich das alles ja von ihm haben müsse, wäre es für mich gewesen, wenn meine Mutter dies als meine ganz eigenen guten Eigenschaften erkannt hätte. Ich wollte schließlich ich selbst sein – und nicht eine Kopie meines Vaters.

Aber auch in den Jahren, in denen wir es nicht ganz so leicht miteinander hatten (und ich nichts weniger wollte, als meinem Vater oder meiner Mutter zu ähneln), haben sie es irgendwie geschafft, mir immer zu vermitteln, wie stolz sie auf mich sind. Dass ich bedingungslos geliebt werde, egal wie viel Blödsinn ich gemacht habe. Und ich habe meine Grenzen getestet, das ist ja wohl klar. Sie haben mir genügend Raum gelassen, herauszufinden, wer ich bin, und es auch zu bleiben.

Meiner inneren Stimme zu vertrauen und sie auch zu benutzen.

Nicht im Streit schlafen zu gehen.

Dinge wahrzunehmen, die sonst keiner sieht.

Mich darüber zu freuen.

Optimistin und davon überzeugt zu sein, dass alles möglich ist, wenn man nur will.

Und machen.

Dass es eine Lösung für alles gibt ...

Und man über alles reden kann ...

Und über vieles sogar lachen ...

Vermutlich haben meine Eltern mich also tatsächlich doch erzogen. Auch wenn das ganz bestimmt nicht ihre Absicht gewesen ist.

Für die Zukunft

Als Kind habe ich mir oft genug vorgenommen, Dinge anders zu machen als meine Eltern: Niemals, so nahm ich mir jedenfalls vor, würde ich meine Kinder vor acht Uhr ins Bett schicken, sie dürften jeden Tag fernsehen, auch unter der Woche und, wenn sie Lust dazu hätten, bis zum Sendeschluss. Gut, damals konnte ich mir nicht vorstellen, dass es je mehr als drei Programme geben würde und einige davon rund um die Uhr senden würden, aber trotzdem: So lang fernsehen zu dürfen, wie ich will, schien mir damals der Inbegriff der absoluten Freiheit.

Außerdem würde es bei mir natürlich nicht so viel Gemüse und Salat geben. Ungemachte Betten und unaufgeräumte Zimmer würde ich nicht einmal wahrnehmen, spazieren gehen müssten meine Kinder nie und Querflöte lernen (und üben) schon gleich gar nicht. Sie müssten weder den Müll runtertragen noch den Tisch decken, weil Mütter ja sowieso den ganzen Tag Zeit haben und das prima morgens machen können, wenn die Kinder in der Schule arbeiten. In meinen fortgeschrittenen Teenagerjahren beschloss ich, als Mutter später einmal grenzenloses Vertrauen in die Unsterblichkeit meiner Nachkommen zu haben und mir nicht ständig Sorgen zu machen, schließlich wissen junge Menschen zwischen 14 und zwanzig ja ganz genau, wie die Welt funktioniert und können ebenfalls aus diesem Grund auch auf Ratschläge jeder Art verzichten. Ich als Mutter würde das natürlich beherzigen. Immer. Schräge Freunde, spontane Kurztrips und wechselhafte Vorstellungen von einem idealen Studium würde ich geradezu feiern, denn immerhin illustriert all das perfekt die spontane und kreative Herangehensweise von Jugendlichen an das Leben. Und wenn das die eigenen Kinder so perfekt beherrschen, kann man – muss man – doch stolz auf sie sein. Ich würde das jedenfalls so machen.

Dabei war ich mir noch gar nicht mal so sicher, ob ich überhaupt selbst später einmal Kinder haben wollte, denn ich beabsichtigte ja schließlich, selbst für immer jung und unabhängig zu bleiben, die Welt zu bereisen und niemanden erziehen oder ein leuchtendes Vorbild sein zu müssen.

Nun. Das Leben ist eine Wundertüte. Ich habe vier Kinder, die mich meist sehr glücklich machen. Ich bin bestimmt keine oberstrenge Mutter, aber um ganz ehrlich zu sein:

Sie mussten immer zu einer angemessenen Zeit ins Bett, schon allein, weil ich schließlich auch irgendwann einmal Feierabend haben wollte.

Für das Fernsehen gab es zeitliche Beschränkungen.

Obst, Salat und Gemüse gibt es ziemlich oft. Täglich, um genau zu sein.

Alle spielen ein Instrument und üben es sogar manchmal.

Ich mache mir Sorgen.

Ich kritisiere.

Ich setze Grenzen. Die sind zwar nicht sehr eng gesteckt, aber Grenzen sind es doch.

Ich vermittele ihnen Werte.

Ich erwarte, dass sie ehrlich, pünktlich und verantwortungsvoll sind. Und das fordere ich auch ein.

Meist mit genau denselben Worten, Sprüchen und Beispielen, die meine Mutter auch immer benutzt hat. Und warum?

Weil sie vermutlich recht hatte. Und weil ich ihr als Mutter wohl auch ziemlich ähnlich bin.

Dass das jemals passiert, hätte ich vor all den Jahren nicht für möglich gehalten – und möglicherweise sogar versucht, es zu verhindern. Vielleicht hätte es besser funktioniert, wenn ich es damals aufgeschrieben und vor Augen gehabt hätte, als Paulina, meine Älteste, das erste Mal fragte, ob sie länger aufbleiben und noch einen Film schauen dürfe.

Vielleicht auch nicht. Denn eigentlich bin ich ziemlich einverstanden damit, wie sich alles entwickelt hat, auch wenn meine Kinder sicher das eine oder andere Mal ganz ähnliche Gedanken hegen wie ich damals, als ich selbst ein Teenie war. Wie die vier als Mutter (und Vater) mal werden, davon kann ich mich ja hoffentlich eines Tages überzeugen. Dann, wenn ich selbst Großmutter sein werde. Und was für eine. Aber Moment: Das muss man ja nicht wieder dem Zufall oder dem Lauf der Dinge überlassen. Auch wenn ich davon ausgehe, dass ich mich bezüglich meiner Großmutterschaft wieder an meiner eigenen Mutter orientiere, habe ich es ja selbst in der Hand, dass diese Zeit die allerbeste wird, die ich haben kann. Aber um auf der sicheren Seite zu sein, hinterlasse ich mir dieses Mal am besten selbst rechtzeitig einen Hinweis für die Zukunft:

Liebe Lucinde, Post für dich!

So, jetzt bist du also selbst eine alte Oma. Verzeihung. Du bist natürlich weder eine Oma noch alt. Das sagt man nur so. Und in deinem Fall meint man es hoffentlich tatsächlich nicht wirklich. Denn was hast du von deiner Mutter gelernt? Na? Alter hat nichts mit Zahlen auf einer Geburtsurkunde oder Runzeln im Gesicht zu tun. Wer du bist, was dich antreibt und wie du lebst, sagt viel mehr über dich aus. Es gibt genügend unflexible, beschränkte und steinalte 25-Jährige. Die haben möglicherweise faltenfreie Gesichter und knackige Popos, aber das heißt noch gar nichts.

Okay, deine Knochen krachen, wenn du Kniebeugen machst (ich hoffe doch sehr, du tust das!), deine Augen sind auch nicht mehr das, was sie mal waren (ich habe dich gewarnt), von deinem Rücken sprechen wir am besten gar nicht.

Eben. Wir sprechen nicht davon. Sprechen wir lieber von all dem Schönen, das noch vor dir liegt: die Sonne, die jeden Bauch wärmt, egal ob schrumpelig oder nicht. Die Musik, die dich tanzen lässt – und singen (und keine Kinder, die dich daran hindern, nur weil sie keinen Sinn für deine Art von Gesang haben). Die Vögel, die Wolken und all die Menschen, die du um dich scharst: Was für ein Glück du hast! Dass du das erleben darfst, ist ein Geschenk. Dass du es zu schätzen weißt, liegt ganz sicher daran, dass es für dich nicht selbstverständlich ist und auch niemals war.

Aber du kannst stolz auf dich sein. Schau dir deine Kinder an! Deine Enkel (lass es bitte keine 16 sein!). Das Lachen um dich herum – und deines mittendrin.

Ich wünsche dir von Herzen die Gelassenheit als Großmutter, die dir als Mutter manchmal gefehlt hat, und die Fähigkeit, Verantwortung loszulassen. Pass gut auf dich auf. Pfleg dich! Pass auf, dass keine Haare an deinem Kinn wachsen – oder überhaupt an Stellen, wo sie nicht hingehören. Ganz recht: Auch im hohen Alter kann man sich noch die Beine rasieren, Lippenstift auflegen und sich hübsch machen. Und, liebe Lucinde, bleib so, wie du bist. Das heißt: nein. Entwickele dich und wachse mit deinem Leben mit. Und höre nie auf, etwas Neues zu beginnen!

So. Jetzt aber genug geredet: Jetzt geh und zeig den jungen Hüpfern, wie man lebt! Und außerdem weißt du ja Bescheid: Athleten müssen die Welt sehen.

Ach, das wird großartig!

Alles Liebe

dein jüngeres Ich

Nachtrag:
Wer sich selbst gerne einen Brief schreiben möchte, kann natürlich eine Zeitkapsel im Garten vergraben, mit allen möglichen verrückten Dingen darin: Fotos, Erinnerungen, Briefen ... Oder seit Anbruch des digitalen Zeitalters kann man sich auch eine E-Mail schicken.

Bei der kostenlosen Seite Futureme.org beispielsweise kann man sogar bestimmen, wann sie abgeschickt wird.

Morgen.

In zehn Jahren.

Oder in hundert.

Um sich an sich selbst zu erinnern.

Bucket List: Was ich mit meiner Mutter unbedingt einmal machen möchte

1. **Nach New York auf Spurensuche**

   Immerhin ist ein großer Teil unserer Familie dorthin ausgewandert. Meine Oma hat dort gelebt, und die Lieblingscousine meiner Mutter lebt immer noch dort. Gut, wenn ich daran denke, wie aufregend schon ein Trip in den Schwarzwald ist, dann weiß ich ja, was auf mich zukommt. Andererseits: Es wird bestimmt aufregend. Und wer will sich in New York auch schon langweilen?

2. **Auf allen Hochzeiten meiner Kinder mit ihr tanzen**

   Ja, sie ist eine großartige Tänzerin. Oder sagen wir es so: Sie tanzt ausdrucksstark, und sie hat unglaublich viel Spaß. Immer. Auf jedem Fest. Und fast immer als Erste. (Es sei denn, Maria, Lilli, Paulina oder ich sind schneller.) Ja, sie tanzt auch, wenn tanzen nicht unbedingt vorgesehen ist, aber da muss ich mir bei den Festen in dieser Familie vermutlich keine Sorgen machen.

3. **Im Sommer auf den Holzplanken vom Mineral-Bad Berg liegen**

   Ach, das Mineral-Bad Berg. Der ganzjährige Lieblingsplatz meiner Mutter. Und meiner wenigstens im Sommer. Dieses alte Schwimmbad, das 1856 als Privatbad eröffnet wurde und seit 2005 in städtischem Besitz ist und dessen

Becken aus der Canstatter Mineralquelle gespeist wurde (und hoffentlich ab 2020 auch wieder gespeist wird, wenn der Umbau abgeschlossen ist), ist kein Schwimmbad im herkömmlichen Sinn. Das Becken ist klein, das Wasser ist eisig, der Boden ist glitschig, und man hat immer Gesellschaft von Enten, die auch dort baden wollen. Es wird gerade umgebaut. Und nicht nur meine Mutter und ich drücken die Daumen, dass hinterher noch etwas von diesem alten Flair übrig ist. Wenn ja, dann kann ich verstehen, dass meine Mutter in der Nähe des Bades wohnen bleiben will. Aber nur dann!

4. Die Apfelbaumblüte in den Weinbergen im Remstal sehen

Wahrscheinlich bin ich das einzige Kind, das gerne mit seiner Mutter Ausflüge gemacht hat. Aber irgendwie hat sie schon immer ein Händchen für besondere Ziele gehabt. Wir sind zu spektakulären Wasserfällen gewandert, durch Höhlen gekrochen, an Flussläufen entlangspaziert ... Das sind mit meine schönsten Kindheitserinnerungen. Und ich wünsche mir, noch sehr viele solcher Ausflüge mit ihr zu machen.

5. Mit ihr ins Theater gehen

Egal in welches Stück. Egal wie oft. Egal wann. Gerne auch verkleidet. Oder Moment: Das nehme ich zurück.

6. Sie zum Lachen bringen

Am liebsten mit diesem Buch.

Andererseits:

»Ein voller Terminkalender ist noch lange kein erfülltes Leben«, hat Kurt Tucholsky gesagt. Und bei all den Dingen, die ich noch mit ihr machen, den Abenteuern, die ich noch mit ihr erleben, und den vielen Theaterstücken, die ich noch mit ihr besuchen will – vor allem möchte ich jeden Moment nutzen, ihre Stimme zu hören und ihre Liebe zu spüren. Denn man kann eine noch so liebevolle Mutter für viele Kinder sein – Kind ist man nur bei einer einzigen Mutter.

Was für ein Typ ist Ihre Mutter?

Ihre Mutter ist bei Ihnen zu Besuch, es ist Nachmittag, Ihr Kind möchte fernsehen. Ihre Mutter sagt:

A: Ach nein, wir machen lieber ein Spiel zu dritt.

B: Lass ihn/sie doch schauen, wir gehen spazieren.

C: Lass ihn/sie doch! Fernsehen bildet.

D: Hat er/sie denn keine Freunde?

E: Was kommt da? Ich gucke mit!

F: Hat er/sie keine Hausaufgaben?

Ihre Mutter hat die »Macht«, die Fernbedienung in der Hand. Was wird geschaut?

A: *Die Sendung mit der Maus.*

B: Eine Reisedoku.

C: Was auch immer die anderen schauen wollen.

D: Eine Verbrauchersendung über Keime im Schulessen.

E: Fußball? James Bond? Rosamunde Pilcher? Egal. Hauptsache, es kommen Freunde zum Public Viewing!

F: *Wer wird Millionär?*

Ihre Mutter möchte verreisen, wofür entscheidet sie sich?

A: Skifahren oder Baden: Hauptsache mit den Kindern.

B: Studienreise, Yogacamp, Pilgern: Ganz egal, Hauptsache, irgendwohin, wo sie noch nie war.

C: Ein halbes Jahr Freiwilligendienst, irgendwo in Südamerika. Ja, das gibt's auch für ältere Menschen. Erst ab achtzig wird's aus versicherungstechnischen Gründen schwierig.

D: Wandern vor der Haustür, dann ist man jederzeit zurück, wenn was ist.

E: Gerade gebucht: Morgen, 6.45 Uhr, Abflug nach Bangkok.

F: Selbstverständlich eine Bildungsreise.

Ihre Mutter kocht. Es gibt:

A: Das Lieblingsessen Ihrer Kinder.

B: Irgendwas wird sich aus dem Kühlschrankinhalt schon zaubern lassen. Im Zweifel Spaghetti aglio e olio.

C: Lieferservice, jedem das Seine

D: Hauptsache laktosefrei, vegetarisch, vegan und definitiv ohne Nüsse. Man weiß ja nie …

E: Oh, Essen? Daran habe ich gar nicht gedacht!

F: Ein achtgängiges Menü mit passenden Getränken.

Ihr Kind bringt eine schlechte Note aus der Schule mit nach Hause. Ihre Mutter sagt:

A: Ach komm, sei nicht traurig. Wir gehen die Arbeit noch mal gemeinsam durch, und dann wird die nächste viel besser.

B: Schule ist nicht alles. Außerdem: Wer braucht schon Mathe? Die Welt kann man auch ohne Zahlen retten.

C: Eine Fünf, na und? Es hätte schließlich auch schlimmer kommen können. Am Schluss bestehen sie doch alle.

D: Um Himmels Willen, Kind! Brauchst du Bachblüten? Das ist ja furchtbar, wir müssen sofort Nachhilfe organisieren!

E: Vielleicht sollte das Kind mal eine Auszeit nehmen. Ein Jahr USA oder so. Das bringt einen doch viel weiter als die Schule! Ich hab da eine Adresse … und Flüge gehen doch jeden Tag!

F: Eine 2? Also, da ist aber schon noch Luft nach oben, Kind. Ich könnte auch gern mal mit der Lehrerin sprechen.

Lieblingssprüche Ihrer Mutter:

A: Mama ist die Beste!

B: Wenn die Kinder klein sind, gib ihnen Wurzeln. Wenn sie groß sind, gib ihnen Flügel.

C: Das Gras wächst auch nicht schneller, wenn man daran zieht.

D: Man soll den Tag nicht vor dem Abend loben!

E: Woher soll ich wissen, was ich denke, bevor ich höre, was ich sage?

F: Ohne Fleiß kein Preis!

Ihre Mutter trägt am liebsten:

A: Jeans und Sneakers: Hauptsache spielplatztauglich.

B: Jeans und Sneakers: Hauptsache reisetauglich.

C: Egal, Hauptsache bequem.

D: Irgendwas Langes. Es soll ja dieses Jahr wieder so viele Zecken geben!

E: Hauptsache Unterwäsche. Der Rest ist tagesform- und -planabhängig.

F: Wahlweise Sportklamotten (Golf oder Tennis) oder perfekt aufeinander abgestimmte Ensembles. Kleider machen schließlich Leute.

Zählen Sie nun zusammen, wie oft Sie A, B, C, D, E oder F angekreuzt haben, um Ihren Muttertypen zu bestimmen. Nicht, dass Sie die Antwort nicht längst wüssten, aber ... Spaß macht es ja trotzdem, oder?

Muttertypen

A: Die Fürsorgliche

Der fürsorgliche Muttertyp liebt es, die Familie um sich zu scharen. Sie kocht und backt unglaublich gern und freut sich, wenn die Enkelkinder bei ihr sind. Sie ist extra dafür in die Nähe gezogen. Am Wochenende betreut sie gern die Enkel und kommt auch ab und zu vorbei, um im Haushalt zu helfen. Und wenn sie wieder geht, nimmt sie mindestens einen Korb voll Bügelwäsche mit nach Hause, weil ihr sonst vor dem Fernseher langweilig wird. Und wenn man den dann wiederbekommt, sind sogar die Küchenhandtücher gebügelt. Sie macht für ihr Leben gern Hausaufgaben mit den Enkeln (für die eigene geistige Fitness), und ihre Sonntagsbraten, Geburtstagskuchen, Weihnachtsplätzchen sind perfekt. In den Urlaub fährt sie auch gern mit, aber nur, um die eigene Tochter zu entlasten. Sie will sich auf keinen Fall aufdrängen.

Ja, ja. Ich habe von solchen Müttern, vielmehr Omas gehört und mich, als meine Kinder noch klein waren, sehr nach solch einer Oma gesehnt. Andererseits: Ein bisschen froh bin ich schon auch darüber, dass nicht ständig jemand auf meiner Couch hockt. Aber gut, man gewöhnt sich wahrscheinlich an alles. Sogar an gebügelte Küchenhandtücher.

B: Die Unabhängige

Dass sie Kinder in die Welt gesetzt hat, ist schon lange her. Ab und zu ein Telefonanruf aus den Bergen, der Wüste oder vom Meer? Man muss ja nicht aneinanderkleben, nur um Familie zu sein. Liebe funktioniert auch, ohne dass man sich täglich sieht. Und Ihre Mutter liebt Sie von Herzen. Hätte sie Sie sonst zu so einer selbstständigen und freien Tochter erzogen?

C: Die Entspannte

Kinder, die nie Sand, Erde oder sonstiges Baumaterial vom Spielplatz gegessen haben, können laut diesen Müttern auf keinen Fall ein funktionierendes Immunsystem entwickelt haben. Ihre Lieblingssätze sind »Lass sie doch!« und »Ach, da passiert doch nichts«. Und zwar völlig egal, ob sie ihre Enkel dabei beobachten, wie sie auf einen Baum klettern, Alkohol trinken oder den ersten Freund mit nach Hause bringen.

D: Die Besorgte

Dieses Exemplar zeichnet sich durch eine unglaubliche Weitsicht aus. Leider auch durch ein wenig Pessimismus. Aber sie hat schon recht: Gefahren lauern schließlich überall, nicht wahr?

Und was da alles passieren kann! Wenn wirklich etwas passiert, ist sie selbstverständlich da, um den jeweiligen Verunfallten mit Hühnersuppe, Verbandsmaterial oder Nachhilfelehrern zu versorgen. Großartig, eigentlich. Wenn sie sich jetzt ihr »Siehst du, ich habe dich gewarnt«, »Ich habe es kommen sehen« und das »Hättest du mal auf mich gehört!« sparen würde, wäre man noch viel dankbarer.

E: Die Spontane

Sie wissen nie, wo sie gerade ist. Entweder im Sport oder vielleicht auf großer Reise. Auch wenn Sie gestern noch telefoniert haben, kann heute alles ganz anders sein. Diese Mutter steht aber auch gern mal einfach so vor der Tür, weil sie Blumen auf dem Markt gesehen hat, die sie Ihnen unbedingt bringen wollte. Sie kauft Theaterkarten für alle und wundert sich, wenn keiner kann. Andererseits: Wenn Sie selbst spontan Lust auf einen Tag am See haben, beschließen, doch noch Astrophysik zu studieren oder alles zu verkaufen und barfuß einmal den Globus zu umrunden: Diese Mutter hat nicht nur Verständnis, sie ist vermutlich sogar dabei!

F: Die Ehrgeizige
Bildung, Sport und finanzielle Unabhängigkeit sind die Grundpfeiler und der Antrieb ihrer Erziehung. Sie sollen es mal besser haben. Oder auf jeden Fall gut. Und dafür kann man einiges tun. Mann muss es nur wollen. Übrigens: F- und C-Mütter sind äußerst selten befreundet. Auch wenn sie sich perfekt ergänzen würden.

Gemischt
Ihre Mutter ist wie meine: Voller Überraschungen. Heute Designer-Ballkleid, morgen Jeans. Gestern nur hart gekochte Eier, morgen ein Acht-Gänge-Menü. Sehr besorgt und dann wieder ... ganz im Gegenteil. Hühnersuppe bei Grippe und ein »Das wird schon wieder« beim schlimmsten Liebeskummer aller Zeiten. Selbst nie erreichbar sein, aber alles von allen wissen wollen? Manchmal zu viel, manchmal zu wenig. Aber nie langweilig. Yep, das ist sie.

Nachtrag:
Egal, welcher Muttertyp Ihre (oder meine) ist: Einzigartig sind sie sowieso.

Dank

Mein allergrößter Dank gilt nicht nur meiner, sondern allen Müttern da draußen, die die Frauen meiner Generation großgezogen haben. Das habt ihr wirklich sehr gut gemacht! Schaut uns an: Wir sind meist selbstbewusst genug, um für uns einzutreten. Wir haben die Rollenverteilung schon mal ein wenig über den Haufen geworfen und uns getraut, nicht nur unsere eigenen Wege zu gehen, sondern auch für andere einzustehen.

Ihr habt uns zu freien und mutigen Frauen erzogen und uns gleichzeitig Werte beigebracht, die nach wie vor so wichtig sind. Zuverlässigkeit, Verbindlichkeit, Ehrlichkeit, Pünktlichkeit, Toleranz, Respekt vor Mensch und Natur – um nur ein paar zu nennen, die zumindest in meiner Familie ganz besonders hochgehalten wurden.

Dank euch konnten (und können) wir selbst solche inspirierenden und starken Mütter und Großmütter sein. Ihr seid echte Vorbilder. Aber was das Schönste ist: Wir haben in all den Jahren auch immer viel gemeinsam gelacht: über euch, über uns – und überhaupt. Voller Liebe und Zuneigung. Danke.

Vielen Dank, liebe Jennifer Kroll, für die tolle Idee zu diesem Buch – und dass ich es schreiben durfte. Es hat mir so viele neue Eindrücke und intensive Gespräche mit meiner Mutter gebracht, mit denen ich niemals gerechnet habe. Immerhin kenne ich diese Frau ja nun auch schon seit über vierzig Jahren ... ;)

Liebe Svenja Monert und Kathrin Riechers, für die Umsetzung, Eure Geduld und die tolle Zusammenarbeit – ICH DANKE EUCH!

Nina Schumacher – für dein Adlerauge und überhaupt alles!

Marion Nielsen für die großartige Pressearbeit – es macht mir so viel Spaß!

Danke, Anne Schubert, für die großartigen Fotos, die wir sonst nie gemacht hätten!

Außerdem liebe ich das Cover. Jawohl. Ich liebe es. DANKE dafür.

Katharina Theml: Deine Kommentare und das intensive Lektorat haben das Buch noch einmal so viel besser gemacht.

Liebe Heike Abidi, Jana Lukaschek, Ursi Breidenbach, vielen Dank fürs Mütter-Brainstormen! Was für ein Glück, dass wir uns haben!

Und Anja Koeseling, Agentin und Freundin: You are the best!

Mein ganz besonderer Dank gilt aber auch Ihnen: Leserinnen und Lesern, Käuferinnen und Käufern, Verschenkerinnen und Verschenkern, Müttern, Töchtern, Söhnen: Ich freue mich riesig, dass Sie Spaß an meinen Geschichten haben. Sie sind meine Inspiration und mein Antrieb für jedes einzelne Buch.

Lucinde Hutzenlaub
HALLO JAPAN
Familie Hutzenlaub wandert aus

256 Seiten | Taschenbuch |
12,5 × 19 cm
9,95 € (D) / 10,30 € (A)
Auch als E-Book erhältlich
ISBN: 978-3-944296-54-8

Lucinde Hutzenlaub hat einen liebenden Ehemann, vier Kinder und auch sonst alle Hände voll zu tun. Als ihr Mann ein Jobangebot in Tokio bekommt, ist das Chaos perfekt: Mit Kind und Kegel verlässt die Familie die schwäbische Heimat, tauscht Spätzle gegen Sushi ein und macht sich auf ins unbekannte Japan. Hallo Japan ist eine mitreißende und unterhaltsame Geschichte über Kulturschocks, Fettnäpfchen und Erfolgserlebnisse in der Ferne – und ein packender Augenzeugenbericht über das schwere Erdbeben von 2011, das die Familie hautnah in Tokio miterlebte.

Lucinde Hutzenlaub
RUHE AUF DEN
BILLIGEN PLÄTZEN
Eine Mutter im Familienurlaub
packt aus

272 Seiten | Taschenbuch |
12,5 × 19 cm
9,95 € (D) / 10,30 € (A)
Auch als E-Book erhältlich
ISBN: 978-3-95910-153-0

Leberwurstbrote? Ganz unten im Rucksack. Steckdosenadapter?
In sechsfacher Ausführung dabei. Zahnbürsten? Leider vergessen.
Reisen bildet, ist erholsam und bringt die Familie zusammen.
Theoretisch. Praktisch wird die geplante Ferienidylle mit Kin-
dern schnell zur reinen Nervensache. Lucinde Hutzenlaub,
Mutter von vier Kindern, macht sich jedes Jahr wieder auf ins
Abenteuer Familienurlaub. Enthusiastisch wagt sie sich in den
Kampf um Reiseziele, Unterkunft und Kulturprogramm und
setzt sich gegen die geliebte Quengelbande durch. Meistens. Ob
Bayern oder Australien, Lucinde meistert jeden verrückten Trip.
So ziemlich. Erholen kann sie sich ja, wenn die Kinder in der
Schule sind.

Impressum

Lucinde Hutzenlaub
Mama im Unruhestand
Das verrückte Seniorenleben meiner Mutter und wie ich versuche, mit ihr
Schritt zu halten
ISBN: 978-3-95910-214-8

Eden Books
Ein Verlag der Edel Germany GmbH
Copyright © 2019 Edel Germany GmbH, Neumühlen 17, 22763 Hamburg
www.edenbooks.de | www.edel.com
1. Auflage 2019

Einige der Personen im Text sind aus Gründen des Persönlichkeitsschutzes
anonymisiert.

Projektkoordination: Svenja Monert und Kathrin Riechers
Lektorat: Katharina Theml
Umschlaggestaltung: Favoritbüro
Coverfoto: © Anne Schubert
Illustration Roller: Vektor erstellt von freepik / www.flaticon.com
Layout und Satz: Datagrafix GSP GmbH, Berlin| www.datagrafix.com
Druck und Bindung: optimal media GmbH, Glienholzweg 7, 17207 Röbel/
Müritz

Alle Rechte vorbehalten. All rights reserved. Das Werk darf – auch teilweise –
nur mit Genehmigung des Verlages wiedergegeben werden.

Printed in Germany.

Dieses Buch ist auch als E-Book erhältlich.

Um die kulturelle Vielfalt zu erhalten, gibt es in Deutschland und in Öster-
reich die gesetzliche Buchpreisbindung. Für Sie, liebe Leserin und lieber Le-
ser, bedeutet das, dass Ihr verlagsneues Buch jeweils überall dasselbe kostet,
egal, ob Sie Ihre Bücher gern im Internet, in einer großen Buchhandlung
oder beim kleinen Buchhändler um die Ecke kaufen.